본성이 답이다

진화 심리학자의 한국 사회 보고서 ————

본성이 답이다

전중환

사이언스
SCIENCE
BOOKS 북스

아버지, 어머니, 형, 동생,

그리고 아내 안소이와 아들 전하준에게

본성이 답이다

진화 심리학으로 본 사회와 문화

"인간 본성이 문제다. 그러나 인간 본성이 또한 그 해결책이다."

— 스티븐 핑커(Steven Pinker), 『빈 서판』

경희 대학교에서 내가 담당하는 과목 중에 '신입생 세미나'가
있다. 예술, 체육, 공학, 인문학, 자연 과학, 국제학 등 다양한 전
공에 속한 신입생들이 반드시 들어야 하는 수업이다. 과목의 주
요 활동으로 독서 토론이 있다. 옳다구나(?) 하고 진화 심리학자
스티븐 핑커의 『빈 서판』 번역본을 선정했다. 한 학기 동안 함께
읽고 토론했다. 두껍고 어려운 책이긴 하지만, 내가 핵심 내용을
2주간 강의하고 조별 토론도 3주를 하는 만큼 학생들이 책의
대강을 어느 정도 이해하게 되리라 믿었다. 적어도 핑커를 외부

환경의 중요성을 깡그리 무시하는 유전자 결정론자로 간주하는 학생은 없으리라 믿었다. 핑커는 자신이 극단적인 본성론자가 아니라고 책에서 정말 지겨울 정도로 반복하니 말이다.

기대는 산산이 무너졌다. 마지막 3주에 걸친 전체 토론 시간에 학생들이 가장 흔히 제기한 비판은 이랬다. "핑커는 본성만 강조하고 양육은 전혀 중요하지 않다고 합니다. 저는 이런 극단적인 주장에 동의하지 않습니다." 학생, 핑커도 동의하지 않는단다.

우리는 사실 아주 특별한 시대를 살고 있다. 진화 심리학을 필두로 인간 본성의 과학들이 인간 삶과 사회에 대해 심도 있는 통찰을 제공하고 있기 때문이다. 왜 말하기는 쉬운데 글쓰기는 어려운가? 왜 정치인들은 자신만이 대의에 헌신하고 남들은 사리사욕을 추구한다고 굳게 믿는가? 왜 십대 청소년들은 어리석고 위험한 행동을 '쿨'하다고 여기는가? 왜 콩쥐팥쥐, 신데렐라 등 전 세계의 민담에서 계부모는 유독 사악하게 그려지는가? 왜 성을 구매하는 쪽은 주로 남성인가? 이런 흔한 질문들에 대해 우리가 전통적으로 들어 온 대답은 옹색하고 공허했다. "그냥 그런 거야. 아무 이유 없어." "가부장제 혹은 신자유주의가 그렇게 만들었어." "신의 섭리야."

대개 이런 대답들은 실제 증거를 통해 반증하기 어려울 뿐만 아니라, 다른 인접한 과학 분야에서 얻어진 성과와도 부합하지 않는다. 예컨대, 배우 송일국 씨의 세쌍둥이나 타요 버스, 러버덕 등을 둘러싼 귀여움 열풍이 불었을 때 어느 문화 평론가는 귀여움에 대한 애호가 '내가 대상을 통제할 수 있다'는 판단에서 나온다고 설명했다.● 우리가 매우 쉽게 통제할 수 있는 애벌레나 개미는 왜 안 귀여운지 모르겠다.

이 책은 지극히 당연하고 뻔한 논증을 펼친다. 사회와 문화는 인간 마음의 산물이다. 우리의 마음이 왜 이런 식으로 진화했는지 이해한다면, 지금 당장 우리 사회에서 벌어지는 여러 문제들을 더 정확히 진단하고 처방할 수 있지 않겠는가? 나는 텍사스 대학교(오스틴)에서 데이비드 버스(David Buss) 교수님의 지도로 박사 학위를 받은 이래 계속 진화 심리학자로 살고 있다. 한국인 진화 심리학자로서, 이 책은 마음이 자연 선택에 의해 '설계'된 목적을 알려 주는 진화의 관점을 우리 사회에 적용하여 과연 무엇을 보았는지 지난 몇 년간 기록한 글들을 묶었다.

물론 잘 안다. 진화 심리학자들은 객관적인 진리 추구는 핑

● 《세계일보》, 2014년 12월 14일자 기사 「"난 네게 반했어~" '귀요미'에 푹 빠진 대한민국」에 실린 내용이다.

계일 뿐 다른 불순한 의도를 숨긴 것 아니냐는 의심을 종종 받는다. 이 사람은 남자의 바람기를 옹호하려는 마초 아닐까? 약육강식은 자연의 섭리이니 복지는 헛수고라는 수구 반동 아닐까? 인문학, 사회 과학, 예술 등을 진화론으로 집어삼키려는 생물학 제국주의자 아닐까? 인간은 유전자의 생존 기계에 불과하다는 유전자 환원주의자 아닐까?

이상하다. 일반 대중은 상대성 이론이나 양자 역학은 잘 이해가 안 되어도 과학으로 받아들인다. 그보다 쉽게 이해할 수 있는 진화 이론은 선뜻 과학으로 대접하지 않는다. 심지어 저명한 철학자나 인류학자, 심리학자들 중에서도 인간 행동을 진화적 시각으로 연구한다면 외면하거나 비난하는 이들이 적지 않다. 이 끈질긴 거부는 대체 어디서 나오는 걸까? 혹시 나에게 정말로 문제가 있는 건 아닐까? 진화 심리학자들은 가끔 자신을 의심하고 괴로워한다. 타인들의 뜨악한 시선이나 차가운 비웃음을 읽을 때는 더욱 그렇다. 다행히 진화라는 분석틀은 기쁨과 만족감을 줄 때가 훨씬 더 많다. 대다수 사람들은 보지 못하는, 인간 본성의 내면을 볼 수 있게 해 주기 때문이다. 이 엄청난 혜택을 감안하면 타인들로부터 의심과 냉대를 받는다는 비용은 응당 치를 만하다.

진화적 접근은 무질서하게 흩어진 것처럼 보이는 여러 사실들을 하나로 간결하게 통합하는 이론틀을 제공해 준다. 예컨대, '간통죄는 여성을 억압하는 도구였다' 장에서 우리는 세 가지 사실을 만난다. 첫째, 고대 이집트, 시리아, 극동, 아프리카, 아메리카, 북유럽에는 유부녀의 외도만 간통으로 처벌하는 법률이 있었다. 둘째, 아내의 간통을 목격한 남편이 행사하는 폭력은 비교적 최근까지도 정상을 참작할 사유로 여러 국가에서 법적으로 인정되었다. 셋째, 우리나라에서 2014년 6~9월에 선고된 간통 사건 92건 가운데 남편이 간통한 아내를 고소한 사건이 60.9퍼센트로 다수를 차지했다. 이들은 여성과 달리 남성은 자식이 유전적 친자식인지 확신할 수 없기 때문에 아내를 자신의 성적 소유물로 착각하는 심리를 진화시켰다는 설명으로 수렴된다.

뿐만 아니라, 진화적 설명으로부터 검증 가능한 새로운 예측이 풍부하게 얻어진다. 그럴듯하게 들리는 이야기를 꾸며 내기에만 급급한 사이비 과학이라는 오해와 정반대로, 진화 심리학은 대단히 깨지기 쉬운(fragile), 그래서 건전한 과학이다. 예를 들어, '보수와 진보는 왜 다른가' 장에서 보수와 진보라는 정치적 성향의 개인차는 부분적으로는 일부일처제적 성 전략을 구사하는 사람들과 문란한 성 전략을 구사하는 사람들 간의 갈등에서 유래함을 소개했다. 그 증거로 일부일처제적인 성 전략을 구사하는 사람들은 마약 사용이 비도덕적이라는 주장에 더 강하게 동의함을 들었다. 이 글을 쓰는 시점에 나온 새로운 증거로, 이처럼 전통적인 성 전략을 구사하는 사람들은 동성 간의 결혼에도 더 강하게 반대함이 밝혀졌다.

진화 심리학이 종종 폭력이나 살인, 아동 학대 같은 사회악을 정당화한다는 오해에 대해서 간략히 짚어 보자. 과학은 어떤 현상이 왜 일어나는지 설명한다. 결코 그 현상이 정당하다고 면죄부를 발급하지 않는다. 마치 암을 연구하는 의학자들이 암은 자연스러운 현상이니 암을 치료해선 안 된다고 주장하지 않는 것과 같다. 진화 심리학은 전쟁, 살인, 영아 살해, 아동 학대 같은 사회악이 왜 일어나는지 설명한다. 이러한 인과적 설명이 먼저 이루어진다면 사회악을 보다 효과적으로 줄이는 해결 방안을 찾는 데 큰 도움이 될 것이다.

마찬가지로, 사회 복지, 간통, 성매매처럼 찬반이 첨예하게 갈리는 행동에 대해서도 진화 심리학은 어느 한편이 옳다고 편들지 않는다. 진화 심리학은 논쟁이 벌어지는 어떤 행동이 왜 일어나는지, 어떤 조건 하에서 그 행동이 줄어들지 설명함으로써 이를 장려 또는 억제하는 정책에 따르는 이득과 손실을 보다 정확히 가늠하게 해 준다. 이 책의 제목만 읽고서 저자가 "폭력, 성매매, 바람기 등은 인간 본성이니 괜히 규제하지 말고 마음껏 내버려 두는 게 정답"이라고 주장하는 것으로 오해하지 않길 부탁드린다. 우리는 타인의 자율성을 침해하는 비도덕적인 행동을 응징하는 인간 본성도 지니고 있다.

2016년 한 해 동안 텍사스 대학교의 데이비드 버스 교수님 연구실에서 방문 교수로 지내고 있다. 대학원생 때 썼던, 창문 하나 없는 작은 방을 다시 쓰고 있다(미국 대학원생들은 연구실 선배가 방문 교수로 왔으니 제일 좋은 방을 비워 주는 배려 따윈 없다.). 10여 년 전 진화 심리학 학위를 받고자 분투하던 공간에서 진화 심리학으로 바라본 한국 사회를 기록한 원고를 검토하자니 기분이 묘하다. 더 열심히 공부해야겠다.

차례

1

마음의 문제

내 속에
'나'는 없다

박근혜 대통령이 국무회의에서 "바르게 역사를 배우지 못하면 혼이 비정상"이라고 말한 동영상을 찾아보았다. 다행히 비위가 센 편이라 끝까지 시청할 수 있었다. 꼼꼼하게 직접 다듬은 원고를 읽는 대통령의 모습이 인상적이었다. 눈빛은 매섭고 목소리는 높았다. 결연한 의지가 넘쳐흘렀다. 정말로 박 대통령은 미래세대에게 '올바른' 역사를 가르쳐야 대한민국에 대한 자긍심과 자부심을 심어 줄 수 있다고 굳게 믿는 것처럼 보였다. 총선에서 보수층을 결집하려는 꼼수나, 독재자 아버지를 복권하려는 사사로운 욕망은 찾기 어려웠다. 국가와 국민만을 충심으로 섬기는 박 대통령이라고? 보수 진영엔 당연한 말씀이다. 진보 진영에 이것은 참으로 생각하면 무서운 일이다.

여야를 막론하고 정치인들은 국민의 충복은 오로지 자신들이라며 목청을 높인다. 우리는 자나 깨나 국민만 생각한다. 저들은 국민을 외면한 채 정쟁만 일삼는다. 어느 쪽이 옳을까? 보수와 진보 가운데 한쪽을 지지하는 입장이라면, 정답이 빤히 보이는 문제다. 우리가 옳고 저들이 틀렸다. 그런데 정말 그럴까? 온 국민의 절반이 나라를 망치는 것을 삶의 낙으로 삼는 '수구 꼴통' 혹은 '좌빨'이라면, 우리나라가 아직 안 망한 게 신기할 노릇 아닌가? 사실, 나는 공동체의 이득을 추구하지만 남들은 사사로운 이득에 집착한다는 믿음은 정치인뿐만 아니라 모든 사람에게 발견된다. 내 두뇌 안에 있는 자아 혹은 영혼이 내 모든 행동을 통제하여 나를 올바르고 유능한 사람으로 처신하게 한다는 이러한 믿음이 왜 틀렸는지 살펴보자.

사회 심리학자 리처드 니스벳(Richard Nisbett)과 티머시 윌슨(Timothy Wilson)은 쇼핑몰의 설문 조사를 가장하여 소비자들에게 탁자에 놓인 스타킹 4개 중에 가장 마음에 드는 것을 하나 고르게 했다. 스타킹들은 사실 모두 똑같았지만, 소비자들은 이를 몰랐다. 실험 결과, 소비자들은 맨 오른쪽에 놓인 스타킹을 가장 많이 선택했다. 즉, 스타킹의 품질 때문이 아니라 순전히 위치 때문에 맨 오른쪽 스타킹을 택한 것이다. 그러나 왜 그 스타킹을 골랐는지 물어봤을 때 위치 때문에 골랐다고 답한 소비자는 아무도 없었다. 소비자들은 자기가 고른 스타킹이 이런저런 이유로 다른 스타킹들보다 분명히 더 우수한 제품이어서 골랐노라고 확신에 찬 어조로 대답했다.

이 실험은 마음속의 중앙 통제실에서 홀로 근무하는 자아가 계기판을 일일이 조작하여 우리의 행동을 통제하는 것이 아님을 보여 준다. 그런 자아는 없다. 그 자아의 두뇌 안에서 자아를 움직이는 이는 또 누구냐는 질문이 꼬리에 꼬리를 물고 이어지기 때문이다. 최근의 심리학 연구들은 인간의 마음이 대기업이나 공공 기관의 관료 조직을 닮았다고 말한다. 각자 맡은 소임을 묵묵히 처리하며, 다른 부서의 내막은 잘 모르는 여러 부서로 구성된 대규모 조직이 인간의 마음이다.●

이 중 홍보부가 하는 일은 조직이 어떻게 행동했건 간에, 이는 모두 합리적인 이유 혹은 공동체를 위한 선의에서 비롯되었다며 그럴싸한 이야기를 사후에 지어내는 것이다. 대변인은 이렇게 꾸며 낸 이야기를 외부에 선전한다. 홍보부는 조직이 그렇

● 마음속에 중앙 통제 본부는 없다는 관점을 잘 보여 주는 책으로 다음을 추천한다. 로버트 커즈번, 『왜 모든 사람은 (나만 빼고) 위선자인가』.

게 행동한 진짜 이유를 알지 못하며, 알 필요도 없다. 진짜 의사 결정은 이사회에서 이루어진다. 기쁨, 슬픔, 역겨움, 분노, 두려움 등 다양한 감정들이 어떤 구체적 상황에 처했을 때 먼 과거의 환경에서 번식에 유리했을 방향으로 행동을 취하게 한다(영화 「인사이드 아웃」에서 의인화된 다섯 감정들이 주인공을 움직이는 모습을 떠올리면 된다.).

스타킹 실험의 경우, 이사회는 맨 오른쪽의 스타킹을 그냥 오른쪽에 있다는 이유로 택했다. 그러나 그 이유를 홍보부에 통보하진 않는다. 홍보부는 대외적으로 똑똑한 이미지를 만들고자 논리를 꾸며 낸다. 이제 대변인이 공표한다. "내가 그냥 아무 이유 없이 이 스타킹을 택했다고? 웃기는군. 여기 좀 만져 봐요. 이 스타킹이 미묘하게 더 부드럽잖소!" 여기서 대변인, 즉 우리의 의식적인 자아는 홍보부가 지어낸 이야기가 진실임을 믿어 의심치 않는다.

마음은 이사회, 홍보부, 대변인 등을 포함하는 대규모 조직이다. 이 관점은 왜 나와 대립하는 의견을 지닌 상대방을 논리적으로 설득하려는 시도가 종종 헛수고에 그치는지 잘 설명해 준다. 홍보부가 이사회가 이미 내린 결정을 그럴싸하게 포장하는 데 실패한다 한들, 이사회의 결정은 바뀌지 않기 때문이다. 현행 역사 교과서에서 부끄러운 역사 서술이 어떤 부분이냐는 질문을 받는다. 암만 생각해도 그런 부분은 없다. 합리적인 자아가 마음속의 최고 결정권자라면, 흔쾌히 없다고 인정할 것이다. 그러나 자아는 대변인일 뿐이다. 의견을 바꿀 권한은 애초에 없다. "전체 책을 다 보면 그런 기운이 온다."며 궁색한 논리를 펼친다.

상대방을 설득하려면 상대방을 실제로 움직이는 감성에 호소해야 한다. 동시에, 나는 선하고 똑똑하고 올바르지만 너는 악하고 멍청하고 옳지 못하다는 편견도 버려야 한다. 대변인, 즉 의식적인 자아는 우리 마음의 주인이 아니기 때문이다.

보수와 진보는
왜 다른가

보수와 진보, 스파르타와 아테네, 교황 우르반 8세와 갈릴레이, 왕당파와 공화파, 수구 꼴통과 종북 좌빨, 일간 베스트와 다음 아고라, 그리고 전원책과 유시민. 우파와 좌파라는 이름은 프랑스 혁명 때 국민 공회에서 왕당파와 공화파의 자리 배치에서 유래되었다지만, 보수 혹은 진보라는 정치적 성향은 훨씬 예전부터 있었다. 왜 어떤 사람들은 질서와 안정을 원하지만 어떤 사람들은 변화와 혁신을 원할까? 진화의 관점에서 이 질문에 답을 찾아보자.

그 전에 짚고 넘어갈 것이 있다. 최근 들어 뇌 과학, 유전학 등의 분야에서 보수주의자와 진보주의자는 뇌의 구조, 호르몬, 혹은 유전자가 다르다는 연구들이 많이 나오고 있다. 이를테면 보수적인 사람들의 뇌는 공포와 혐오 감정에 관여하는 편도체의 오른쪽 부분이 더 컸다는 식이다. 이런 연구들은 물론 의미 있지만, 정치 성향의 개인차가 '어떻게' 만들어지는가에 주목하는 데 가까운 설명이다. 진화 심리학은 더 먼 차원의 설명이다. 즉, 진화 심리학은 '왜' 하필이면 그런 개인차가 존재하는가, 모두 정치 성향이 똑같아서 정치 게시판이 항상 태평성대를 누리는 상황은 왜 일어나지 않는가에 주목한다.

왜 보수와 진보라는 개인차가 생기는가에 대해 두 가지 경쟁 가설이 있다. 첫 번째 가설을 따르면, 보수적 성향의 일부분은 전염성 병원체에 대한 방어로 진화했다. 참고로 보수적인 성향은 크게 두 가지로 나눌 수 있다. 전통과 규범을 강조하고 외부 집단을 경계하는 사회적 보수, 그리고 자유 시장을 강조하는 경제적 보수다. 이 중에서 특히 사회적 보수 성향이 당사자가 병원체에 감염되는 것을 막아 준다는 주장이다.

어떻게 외부인을 꺼리는 행동이 내 몸을 병원체로부터 지키는 방편이 된다는 말일까? 유럽이 신대륙을 정복할 때 스페인 군인들이 부지불식간에 옮긴 천연두에 멕시코 원주민의 75퍼센트 이상이 사망했다. 이처럼 다른 지역에서 줄곧 살아온 외부인들은 우리가 미처 면역력을 갖지 못한, 그 지역의 토착 병원균을 우리에게 퍼뜨릴 수 있는 위협이 된다.

이 가설을 뒷받침하는 증거들이 요즘 활발히 나오고 있다. 이를테면, 배설물, 쓰레기, 구토, 시체 같은 병원체의 매개물을 남들보다 더 역겨워하는 사람들은 대개 보수적이었다. 원초적인 혐오를 잘 느끼는 성향은 특히 난민의 국내 이주나 동성 간 결혼에 대한 찬반처럼 사회적으로 보수적인 성향과 상관관계가 높았다. 의료 보험이나 최저 임금에 대한 찬반처럼 경제적으로 보수적인 성향과는 상관이 없었다. 다른 연구에서는 보수주의자들에게 구더기를 먹는 상상을 하게 해서 일시적으로 혐오감을 부채질하면 동성애자에 대한 선입견이 더 높아짐을 확인하였다. 또 다른 연구에서는 1960~1970년대 미국 50개 주의 정치적 성향을 조사했다. 병원체가 창궐한 주일수록 보수적인 성향이 더 강했다.

보수와 진보가 왜 다른지 설명하는 두 번째 가설은 사람들이 쓰는 성 전략이 다름에 주목한다. 어떤 사람들은 검은 머리가 파뿌리가 될 때까지 평생 한 사람과 백년해로한다. 다른 사람들은 마음 가는 대로 여러 상대와 문란하게 성관계를 맺는다. 이렇게 일부일처제 성 전략 혹은 문란한 성 전략이 있다고 할 때, 사람들은 사회 내에 확립된 규칙이 어떤 것이냐에 따라 이득 혹은 손해를 입게 된다. 예컨대, 오직 아내뿐인 순정남 갑돌이를 생각해 보자. 갑돌이가 만일 마약 복용, 혼전 성관계, 십대의 피임, 난교 파티 등을 장려하는 사회에서 산다면 언제 카사노바에게 아내를 빼앗길지 모르므로 손해다. 마찬가지로 순정녀 갑순이도 이런 사회에서는 언제 남편의 자원이 새어 나갈지 모르므로 손해다. 그러므로, 일부일처제적인 성 전략을 추구하는 사람들은 개인의 성적 자유를 제한하는 규칙이 확립된 보수적인 사회에서 사는 것이 이득이다. 마찬가지로, 문란한 성 전략을 추구하는 이들은 개인의 성적 자유를 허용하는 진보적인 사회에서 사는 것이 이득이다.

일부일처제적 성 전략을 추구하는 이들이 번식상의 이득을 높이고자 사회적으로 보수적인 이념을 추구한다는 두 번째 가설을 지지하는 증거들도 있다. 한 연구는 누군가가 마약 사용을 찬성 혹은 반대하는지는 그가 어떤 정치 이념을 갖고 있는가보다 그가 어떤 성 전략을 추구하는가에 의해 더 잘 설명됨을 입증했다. 또 다른 연구는 대단히 뛰어난 동성 경쟁자 — 내 남편 혹은 아내를 유혹해서 나의 일부일처제적 성 전략을 무너뜨릴 수 있는 경쟁자 — 의 사진을 본 남녀 대학생의 마음에서는 신실한 신앙심이 흘러넘침을 입증했다.

정치적 성향이 왜 존재하는가에 관한 진화적 연구는 아직 한창 진행 중이다. 어쨌든 우리가 지닌 보수 혹은 진보라는 정치 성향은 하늘이 내린 엄숙한 사명이 아니다. 정치적 성향은 먼 과거의 환경에서 병원체를 피하거나 성 전략을 추구하는 것 같은 지극히 실용적인 이유에서 만들어졌다. 이 싱거운 사실은 우리 사회에서 종종 극단으로 치닫는 좌파와 우파 간의 갈등을 줄이는 데도 도움이 되리라 믿는다.

코끼리에게
호소하라

"우리 당의 후보가 각종 이슈에 대한 이해력과 정책 깊이, 품격 등 모든 면에서 우위를 보였다." 제18대 대선이 막바지 열기를 내뿜던 2012년 12월, 마지막 TV 토론회가 끝난 후 새누리당 대변인이 낸 논평이다. 박근혜 후보 지지자들은 고개를 끄덕였을 것이다. 반면 문재인 후보 지지자들은 대체 같은 토론을 본 게 맞는지 황당했을 것이다. 왜 대선 후보 토론회를 함께 시청하고도 지지자들의 반응은 극과 극으로 갈리는 걸까? 두 진영 가운데 어느 한쪽은 자기 후보가 완패했음을 잘 알고 있지만, 그냥 허세를 부려 보는 걸까?

그렇지 않다. 두 당의 대변인이 서로 승리를 주장할 때, 이들은 구구절절 진심이다. 각자 자신의 정치적 성향에 따라 같은 정보라도 아주 다르게 받아들이는 이러한 현상으로부터 우리의 마음이 어떻게 판단을 내리는가에 대한 실마리를 얻을 수 있다. 동성애를 허용할지, 무상 보육에 동의할지, 정권 교체에 동참할지 등등 마음은 끊임없이 판단을 내린다. 이때 뜨거운 감정보다 차가운 이성이 판단을 주도한다고 흔히들 믿어 왔다. 이성에 따라 잘 추론하기만 하면 누구나 진리에 도달할 수 있다는 것이다. 그러나 최근의 연구들은 추론이 우리를 진리로 이끄는 길잡이가 아님을 보여 준다. 다음 경우를 상상해 보자.

"민준이란 남자는 매주 슈퍼마켓에 들러서 냉동 통닭을 한 마리 산다. 민준은 통닭과 성관계를 한 다음에, 통닭을 구워 먹는다."

민준의 행동은 도덕적으로 정당한가? 대다수 사람은 이 이야기를 듣자마자 얼굴을 찌푸리며 대뜸 잘못되었다고 말한다. 정작 왜 잘못되었는지는 쉽게 설명하지 못한다. 우리가 정말 합리적인 추론으로 도덕 판단을 내린다면, 민준의 행동은 도덕적으로 정당하다고 당당히 말해야 한다. '타인에게 피해를 주지 않는다면 각자 자신이 원하는 바를 추구할 수 있어야 한다.'는 일반 원칙에 어긋나지 않기 때문이다.

많은 사람이 민준의 행동이 왜 잘못되었는지 설명 못하면서

도 어쨌든 잘못임을 확신한다는 것은 그 행동을 접하자마자 다분히 정서적인 과정인 직관이 행동의 옳고 그름을 이미 판정했음을 의미한다. 이성에 의한 추론은 이렇게 정해진 내 견해를 논쟁이 생겼을 때 상대방에게 관철하는 부수적인 역할에 그친다.

심리학자 조너선 하이트(Jonathan Haidt)는 우리의 마음을 관광객을 태운 인도코끼리에 비유한다. 어디로 갈지는 코끼리(무의식적 직관)가 독자적으로 결정한다. 관광객(이성적 추론)은 언뜻 보면 코끼리 위에 높이 올라타서 그를 조종하는 것 같지만, 실은 코끼리의 처분만 얌전히 기다리는 신세다. 코끼리가 왼쪽으로 가고 싶어서 발걸음을 옮겼는데 관광객은 자기가 왼쪽으로 조종했다고 사람들에게 신이 나서 설명한다.●

즉, 추론은 우리를 진리로 이끄는 길잡이가 아니다. 추론은 논쟁에서 타인을 논리적으로 제압하기 위한 용도로 진화하였다. 그래서 대선 후보 토론회를 시청하는 양당의 지지자들은 자신의 견해를 뒷받침하는 증거들에만 관심을 기울이고 반대 증거들에는 눈을 감는다.

● 조너선 하이트, 『바른 마음』. 이 책은 도덕과 정치에 관심 있는 분들이라면 꼭 읽어 볼 만하다. 다만 필자는 집단 선택설을 주장하는 후반부는 동의하지 않는다.

지인들의 마음을 움직여 자신이 지지하는 대선 후보에게 한 표라도 더 보태 주려는 노력은 종종 무위로 끝난다. 코끼리의 행보와 무관한 관광객에게 호소하기 때문이다. 예컨대, 독재자의 딸이 집권하면 왜 역사가 후퇴하는지 역설하는 치밀한 논리로 상대를 무너뜨리려 한다면 대개 실패하기 마련이다. 마음을 움직이고 싶다면 코끼리에게 직접 호소해야 한다. 상대방의 처지에서 먼저 충분히 듣고 이해하길 바란다. 내가 지지하는 후보가 당선되어야 하는 논거를 나열하기보다는, 후보의 인간적인 매력을 엿볼 수 있는 한두 가지 결정적인 장면들을 알려 주어 감성을 움직이길 바란다.

학교에
가는 이유

지금껏 살아오면서 배운 것 중에 가장 자랑스러운 것이 무엇인가? 미적분학? 암벽 등반? 무용? 클라리넷? 모두 틀렸다. 당신이 어디서나 으스댈 수 있는 가장 위대한 업적은 유치원을 졸업할 무렵 이미 달성되었다. 말하기를 배운 것이다. 만 두 살부터 아이들은 말하기 시작한다. 일 년쯤 지나면 벌써 수백 개의 단어가 머릿속에 있다. 새로운 단어는 대개 한 번만 들으면 바로 저장된다. 네 살이 되면 아이들은 무슨 놀이를 할지, 어떤 음식이 더 맛있는지를 놓고 서로 갑론을박을 벌인다. 태어나자마자 한국어 회화 학원에 줄곧 다녔을 리 만무하다. 그저 자라면서 어른들의 대화를 어깨너머로 종종 듣기만 하면, 아이들은 어느 순간 저절로 말을 한다. 수학도 이렇게 배우기 쉽다면 초등학교부터 '수학

포기자'가 나오는 현실은 없었을 텐데!

어떤 것들은 배우기 어렵다. 읽고 쓰기는 그 대표적인 예다. 아이 방에 동화책과 크레용, 종이를 잔뜩 채워 놓기만 하면, 어느 날 아이가 한글을 홀연히 깨우치는 축복은 절대 일어나지 않는다. 종이 위에 쓰인 기호를 알맞은 소리와 뜻에 연결하는 요령을 부모나 선생님이 몇 년에 걸쳐 반복 학습을 시켜야만 아이는 비로소 글을 읽을 수 있다. 글쓰기는 또 어떤가. 대학교를 졸업한 성인들조차도 자기 소개서를 쓰라면 얼굴에 핏기가 싹 사라진다.

왜 말하기는 쉬운데 읽고 쓰기는 어려울까? 답은 수백만 년에 걸친 인류의 진화 역사에 있다. 말로써 이웃들과 정확하게 의사소통했던 사람들이 그렇지 못했던 이들을 제치고 우리의 직계 조상이 되었다. 영유아들이 의식적으로 노력하지 않아도 자연스레 모국어를 습득하게 해 주는 심리적 도구가 진화한 것이다. 반면에 문자는 고작 8000년 전에 만들어졌다. 게다가 오랫동안 문자는 특권층의 전유물이었고 다수 대중의 삶과는 무관했다. 즉, 문자를 잘 배우게끔 설계된 심리적 도구가 진화할 시간은 없었다. 그래서 우리는 읽기와 쓰기를 학교에서 끙끙대며 배운다. 어느 대학이나 한국어 회화 강좌는 드물지만 글쓰기 강좌

본성이 답이다

는 차고 넘친다.

진화 역사에서 아주 오래되어서 아주 쉽게 배우는 일은 말하기 외에도 더 있다. 옛날 아프리카의 사바나 초원에서 조상들이 성공적으로 번식하기 위해 꼭 필요했던 지식이라면 우리는 물 흐르듯이 쉽게 익히게끔 진화하였다. '타고나면서부터 잘 배우는' 이런 지식은 동식물, 물건, 인간, 수, 시공간, 언어 등 다양한 영역에 걸친다. 예컨대, 동물은 죽으면 더는 먹지 못함을 알기, 물건을 손에서 놓으면 땅에 떨어짐을 알기, 누군가 눈썹을 찌푸렸다면 그가 화가 났다고 추측하기, 하나, 둘, 셋 등의 적은 수를 더하거나 빼기, 집에 가는 길을 찾아내기 등은 학교에 다니지 않아도 자연스럽게 익히는 일차 지식이다.

슬프게도, 현대 사회가 요구하는 지식은 그보다 훨씬 더 많다. 미적분학, 양자 역학, 진화 이론, 글 읽기를 잘 배우게끔 특화된 심리적 도구는 아무리 마음속을 샅샅이 뒤져 봐도 찾을 수 없다. 진화적으로 생소한 이런 이차 지식을 어쨌든 습득하기 위해, 우리는 다른 목적을 수행하게끔 설계된 심리적 도구를 임시변통으로 끌어다 쓴다.

읽기를 예로 들어 보자. 내 앞에 실제로 있는 개의 새끼를 가리키며 '강아지'라고 지칭하는 능력을 잠시 빌려 와서, 종이에 쓰인 기호(강아지)를 보고 이에 대응하는 소리와 뜻을 연결하는 과정이 읽기다. 원래 잘 배우게끔 타고나지 않았으니, 많은 이들이 읽기와 쓰기를 따분하게 여기는 것도 당연하다. 만약 읽기에 특화된 심리적 적응이 진화했다면, 방구석에 틀어박혀 국어사전만 밤새 읽어 대는 은둔형 외톨이들이 심각한 사회 문제가 되었을 것이다.

학교는 우리가 잘 배우게끔 타고나지 않은 이차 지식을 체계적인 수업으로 보충해 주는 곳이다. 교과목을 가르칠 때 학생들이 어떤 일차 지식을 머릿속에 이미 저장한 채로 교실에 들어오는지 고려한다면 더 즐겁고 효율적인 교육이 될 수 있다. 이를테면, 내일 비가 올 확률처럼 단일 사건이 일어날 확률은 일반인들에게 도무지 알쏭달쏭하다. 내일은 비가 오거나 오지 않거나 둘 중 하나인데, 내일 비가 올 확률이 20퍼센트라면 도대체 무슨 말인가? 확률은 수백 년 전에 고안된 개념이므로, 진화적으로 낯설고 배우기 까다롭다. 우리의 먼 조상들이 살았던 세상은 통계 정보가 0과 1 사이의 확률이 아니라 어떤 사건이 일어나는 상대적인 빈도로 주어지는 세상이었다. 그래서 내일의 기상과 유사했던 과거의 날들 10개 가운데 비가 실제로 온 날이 2개였다고 다시 말해 주면 사람들은 더 쉽게 이해한다.

우리는 로그 함수를 미분하거나, 자기 소개서를 쓰거나, 양자 역학을 공부하는 일에 의욕이 콸콸 흘러넘치게끔 만들어지지 않았다. 대개 이런 이차 지식은 의식적인 노력, 명확한 가르침, 외부적 보상이 있어야 원활히 배울 수 있다. 같은 정보라면 낯설고 부자연스러운 형식보다는 친숙하고 자연스러운 형식으로 포장했을 때 우리의 오래된 뇌는 더 잘 학습한다는 사실도 기억해 둘 만하다.●

● 교육에 대한 진화적 관점을 잘 보여 주는 과학 대중서로 국내 시장에 번역된 것은 그리 많지 않다. 스티븐 핑커,『빈 서판』의 13장「수렁 밖으로」를 참조하길 권한다. 진화 교육 심리학자 데이비드 비요크런드가 쓴『아이들은 왜 느리게 자랄까』도 추천한다.

왜 연예인에게
관심이 가는가

아이돌 가수가 토크쇼에서 한때 얼마나 뚱뚱했는지 등의 신변 잡기를 털어놓는다. 운동선수가 리얼리티 예능에서 갖가지 도전을 수행하며 모진 고초를 겪는다. 영화배우가 늦은 밤 애인과 데이트하는 현장이 파파라치에 찍혀 다음 날 특종으로 보도된다.

왜 우리는 연예인들의 일거수일투족에 이토록 크게 관심을 기울일까? 연예인이 등장하는 드라마, 영화, 예능 프로그램이 다큐멘터리나 교육 프로그램보다 파급력이 더 크고 시청률도 더 높은 건 누구나 다 안다. 그러나 친숙하다고 해서 우리가 반드시 그 이유까지 꿰고 있는 것은 아니다. 사실 대중이 연예인에게 쏟아붓는 관심이야말로 대단히 별스럽고 기이하다. 인간의 진화 역사에서, 매일 들어오는 수많은 정보 가운데 허구와 사실을 잘 구분하여 자신에게 쓸모 있는 사실에만 관심을 집중했던 사람만이 우리의 직계 조상이 되었을 것이기 때문이다. 그런데 왜 사람들은 지하철에서 가전제품 사용 설명서나 교과서를 정독하는 대신 스마트폰으로 드라마나 예능을 시청하는가? 왜 사람들은 자신과 아무런 상관도 없는 아이돌인 EXID 하니가 그룹 JYJ의 김준수와 목하 열애 중이라는 소식에 흥분하는가?

백문이 불여일견이다. 곧, 시각 자료는 메시지를 훨씬 더 신뢰감 있게 만든다. 1839년에 사진 기술이 발명되기 이전에도 신문 제작자들은 판화를 써서 신문 기사를 한층 더 생생하게 만들었다. 그림이 들어간 기사는 독자들로 하여금 마치 현장에서 사건을 직접 목격하는 기분이 들게 한다. 사진이나 동영상이 들어간 신문 기사는 더 말할 필요도 없다.

청각이나 후각을 통해 받아들인 정보와 달리, 우리는 시각을 통해 받아들인 정보를 마치 내가 그 자리에서 체험한 것처럼 인식하는 경향이 있다. 이처럼 내 눈으로 본 것은 내가 직접 경험한 것이라고 착각하는 까닭은 인간의 마음이 수백만 년 전 수렵 채집 환경에 여전히 맞추어져 있기 때문이다. 사진과 동영상처럼 현실 못지않게 생생한 시각적 자극은 우리가 진화한 먼 과거에는 없었다. 바로 내 눈앞에 펼쳐진 실제 장면을 잘 지각하

도록 자연 선택에 의해 다듬어진 우리의 마음은 오늘날 사진과 동영상이라는 낯선 자극에 의해서도 하릴없이 활성화된다.

우리의 진화적 조상들은 100명 안팎의 작은 혈연 집단 내에서 거의 매일 서로 얼굴을 마주치며 살았다. 그들은 모두 나의 친척이나 친구였다. 대중 매체가 퍼붓는 시각 자극에 휩쓸리는 현대인은 텔레비전에서 자주 보는 사람들이 내가 진짜로 자주 만나는 사람들, 즉 나의 사회적 관계망에 속한 친척이나 친구라고 느끼게 된다. 빅뱅, 유재석, 설현, 삼둥이가 모두 내가 아주 잘 아는 '친구'인 마당에 어찌 그들의 건강, 지위, 연애, 패션, 가족 등 시시콜콜한 일상사에 관심을 기울이지 않겠는가?

반면에, 이름은 들어 봤지만 얼굴은 본 적 없는 사람들은 나의 사회적 관계망을 벗어나는 이들이어서 상대적으로 멀게 느껴진다. 내 '친구의 친구'에 해당하는 그들까지 일일이 신경 쓸 여력은 없다. 왜 정치인들이 언론사의 카메라 앵글 안에 기를 쓰고 얼굴을 들이대는지 이제 이해될 것이다. 온라인에서 만난 관계가 점차 진척되면 굳이 오프라인에서 만나고 싶어 하는 것도 마찬가지 이유다.

매일 우리는 연예인의 시각적 상을 본다. 그리고 이는 그 연예인이 내 관계망에 속하는 피붙이 혹은 절친임을 입증하는 증거로 어느새 받아들여진다. 어떤 의미에서, 우리는 매일 연예인을 만난다. 진화적 시각은 대중들이 종종 연예인에게 지나치게 집착함에 따르는 문제들을 완화하는 데도 도움이 될 것이다.●

● 대중문화를 진화의 관점에서 연구하는 시도가 최근 활발히 이루어지고 있지만, 아직 대중문화만 다룬 진화 심리학 대중서는 나와 있지 않다. 개드 사드, 『소비 본능』에서 관련된 논의를 찾을 수 있다.

도덕과 혐오

혐오감은 강력한 정서다. 생물학자 찰스 다윈(Charles Darwin)은 혐오가 인간의 여섯 가지 보편적인 정서 중의 하나라고 보았다. 코를 찡그리고, 입을 크게 벌리고, 윗입술을 올리는 표정은 어느 문화권에서나 혐오감을 나타낸다고 받아들여진다.

혐오를 뜻하는 영어 disgust는 '맛이 없다'는 뜻의 라틴어에서 유래하였다. 실제로 혐오감은 먹는 행위와 밀접하게 연관된다. 다윈은 역겨워하는 표정이 미간을 찌푸려서 냄새를 피하고 입술을 삐죽 내밀어 나쁜 음식물을 거부하기 위함이라고 설명하였다. 혐오감을 일으키는 대표적인 원천으로 배설물, 체액, 바퀴벌레, 화장실, 쥐, 토사물, 상한 고기 등이 있다. 이들은 모두 전염병을 옮기는 매개체이다. 따라서 혐오감은 전염병을 피하게끔 진화된 심리적 적응이라 할 수 있다.

여기까진 괜찮다. 문제는 사람들이 사회적으로 용납되지 않는 비도덕적 행위에 대해서도 '혐오스럽다'고 한다는 것이다. 애국심을 강조하면서 정작 자기 아들은 군대에 보내지 않는 사회 지도층 인사는 '역겹다'. 추징금 1672억 원은 내지 않은 채 수차례 외국 여행을 다니는 전직 대통령은 '구역질이 난다'. 정치인들이 등장하는 TV 토론회에서 자신이 지지하지 않는 후보가 하는 발언을 들으면 '속이 뒤집어진다'. 왜 어떤 행동이 옳은지 그른지 냉철히 판단하는 작업에 지극히 원초적인 정서인 혐오감이 불쑥 끼어드는 것일까?

도덕 판단에서 언급되는 혐오는 단순히 은유에 불과하다는 시각도 있다. 우리가 새로운 지식에 '목이 마르다'거나, 걸핏하면 고장 나는 컴퓨터가 '신물이 난다'고 종종 표현하는 것과 마찬가지라는 설명이다. 그럴듯하게 들리지만, 이 설명은 틀렸다. 최근의 수많은 연구는 사기나 학대 같은 비도덕적인 행위를 접할 때 우리가 느끼는 감정은 곰팡이가 핀 식빵 같은 불결한 물질을 볼 때 느끼는 바로 그 감정임을 보여 준다. 두 경우 모두에 대해서, 같은 뇌 부위가 활성화되며 같은 얼굴 근육들이 동원되어 역겨워하는 표정을 만들어 낸다는 사실이 밝혀졌다. 즉, 우리가 강간범이나 연쇄 살인자를 가리켜 '혐오스럽다'고 할 때 이는 그냥 은유가 아니다. 정말로 오장육부가 뒤집어지는 생리적인 혐오를 경험한다는 뜻이다.

도덕 판단이 냉정한 합리적 이성뿐만 아니라 원시적인 혐오 정서에서 상당 부분 유래한다는 증거들이 있다. 한 연구에서는 방귀 냄새를 내는 분무기를 미리 잔뜩 뿌려 놓은 다음에 실험 참여자들에게 길에서 주운 지갑을 슬쩍 챙기는 행동, 이력서를 허위로 기재하는 행동 등이 얼마나 잘못되었는지 설문 조사했다. 그 결과, 아무 냄새가 없을 때 응답한 사람들보다 구린내가 진동할 때 응답한 사람들이 비도덕적인 행동을 더 가혹하게 단죄하였다. 마찬가지로, 쓰레기가 넘쳐 나는 지저분한 방에서 설문지를 작성한 사람들은 깨끗한 방에서 작성한 사람들보다 더 엄격한 도덕 판단을 내린다.●

많은 문화권에서 청결한 신체를 도덕적, 영적인 순결과 동일시하며, 불결한 육체를 도덕적 타락과 동일시한다. 이슬람교에서는 예배 전에 반드시 몸을 깨끗이 씻어야 한다. 기독교에서는 깨

● 생리적인 혐오가 도덕 판단에 영향을 끼침을 보여 주는 연구들은 앞서 소개한 조너선 하이트의 『바른 마음』에도 소개되어 있다.

끗한 물로 세례를 받으면 죄를 씻을 수 있다고 본다. 심지어 전직 폭력배도 잘못을 뉘우쳤다고 고백할 때 "저, 이제 손 씻었습니다."라고 말한다.

왜 신체적인 혐오가 어떤 행동에 대한 도덕적인 판단을 더 엄격하게 만드는지는 아직 의견이 분분하다. 그러나 눈을 가린 채 왼손에는 칼, 오른손에는 저울을 들고 있는 정의의 여신 디케가 내리는 판결이 그녀의 합리적인 이성보다는 혐오감, 분노 같은 도덕 정서에 더 많이 의존한다는 것은 적어도 분명해 보인다.

마음은 어떻게
전염병에 대처하는가

메르스(Middle East Respiratory Syndrome, 중동 호흡기 증후군)가 기승을 부리던 2015년 여름에 다녀온 제주도는 한산했다. 어디서나 눈에 밟히던 중국인 단체 관광객들은 그림자조차 찾을 수 없었다. 관광 명소마다 빼곡히 들어선 중국어 안내 표지판들이 왠지 쓸쓸했다.

전염병은 인류의 진화 역사에서 언제나 중요한 악역을 맡았다. 14세기 중세 유럽을 휩쓴 흑사병은 유럽 전체 인구의 3분의 1을 쓰러뜨렸다. 200년이 지난 후, 흑사병의 재앙에서 다행히 살아남은 이의 후손들이 아메리카 대륙으로 건너갔다. 그 바람에 천연두, 홍역, 장티푸스도 덩달아 전해졌다. 이 질병들에 대한 저항력이 없었던 멕시코 전체 원주민의 75퍼센트 이상이 목

숨을 잃었다. 1918년에 발생한 스페인 독감은 전 세계에서 약 5000만 명의 생명을 앗아 갔다. 오늘날에도 전염병은 우리를 음산하게 옥죄어 온다. 세계 보건 기구는 인플루엔자, 결핵, 에이즈 같은 병에 감염된 사망자가 매년 1500만 명에 이른다고 추정한다.

자연 선택은 우리 몸 안으로 일단 들어온 병원체를 때려잡는 면역계를 정교하게 진화시켰다. 여기에 덧붙여, 병원체에 감염되는 것을 아예 처음부터 막아 주는 행동도 병원체와의 전쟁에서 매우 쏠쏠한 무기가 될 수 있다. 실제로 우리는 누군가 기침하는 소리, 붉게 발진 난 피부, 상한 음식물 냄새처럼 병원체에 감염될지도 모를 상황에 놓이게 되면 일단 감염을 피하는 행동을 무의식적으로 하게끔 진화했다. 전염병에 걸릴까 봐 노심초사하는 우리 마음속의 건강 염려증 환자가 우리를 이끄는 컨트롤 타워가 되면 어떤 일이 일어나는지 알아보자.

첫째, 남들과 어울리기를 꺼려하고 자기 자신을 내성적이라여기게 된다. 처음 본 이들과도 어깨동무하며 금세 으쌰으쌰 친해지는 사람은 대개 부러움의 대상으로 꼽힌다("어쩜 저렇게 사회생활을 잘할까!"). 하지만 전염병이 퍼진 상황에서라면 이야기가 달라진다. 여러 사람과 스스럼없이 잘 어울리는 이는 그만큼 병원체를 얻을 가능성이 더 크다. 즉, 병원체에 감염되기 쉬운 환경에서는 괜히 여기저기 돌아다니면서 사람들을 만나기보다는 집 안에 콕 틀어박혀 있는 게 상책이다. 한 연구에서는 지저분한 수챗구멍, 쓰레기 더미, 배설물 등의 사진을 본 사람들은 평범한 건축물 사진을 본 사람들보다 자신을 내성적인 성격의 소유자라고 여기는 경향이 더 뚜렷함을 발견했다.

둘째, 병원체를 옮길 우려가 있는 집단에 속한 사람들을 더 배척하고 멀리하게 된다. 계속 기침을 해 대거나, 마스크를 착용했거나, 온몸에 두드러기가 난 사람을 피하는 것은 어쩌면 당연하다. 메르스 공포가 한창 심할 때 공공장소에서 무심결에 기침이라도 한 번 했다간 그대로 왕따 신세가 되었음을 상기하시라.

흥미롭게도, 다른 지역이나 타국에서 온 외부인을 차별하는 편견도 전염병이 득세하면 더 심해진다. 스페인 병사들이 옮긴 천연두와 홍역에 속절없이 쓰러진 멕시코 원주민의 사례에서 알 수 있듯이, 외부인들은 우리 집단의 사람들이 미처 저항력을 발달시키지 못한 치명적인 병원체를 퍼뜨릴 수 있기 때문이다. 진화 심리학자 제이슨 포크너(Jason Falkner)와 그 동료들은 한 집단에게는 병원체의 위험을 강조하는 사진들을, 다른 집단에게는 감전사나 교통사고의 위험을 강조하는 사진들을 보여 주었다. 그리고 나서 외국인 노동자의 국내 이입 정책에 대한 찬반을 물었더니, 전염병을 피하려는 동기가 활성화된 집단에서 반대가 더 높았다. 같은 논리로, 외부인에 대한 편견을 줄일 수도 있다. 다른 실험에서는 실험 참여자들에게 항균 비누로 손을 깨끗이 씻게 했더니 외국인 노동자에 대한 편견이 감소했다.

셋째, 권위와 전통을 내세우면서 개인의 일탈을 용납하지 않는 태도가 더 강화된다. 어느 한 지역에서 대대로 내려오는 관습과 규범은 일정 부분 그 지역의 토착 병원균들의 전파를 막는 역할을 한다. 예컨대, 상하수도 시설이 미비했던 과거 우리 사회에서 집을 지을 때 뒷간은 본채에서 되도록 멀리 두어야 한다는 규정은 위생상 중요했다. 즉, 다수를 따르길 거부하고 혼자서 튀는 행동은 병원체의 먹잇감이 되기에 십상이라는 단점이 있다. 그러나 전염병의 위협이 그다지 크지 않다면, 과감히 혼자서 튀는 시도가 창의적인 기술 혁신을 이끌 수 있다는 장점도 있다. 요컨대, 전염병이 창궐하는 상황에서 사람들은 스스로는 권위와 전통을 더욱 따르려 하는 한편, 누군가 일탈하는 것을 절대 용납하지 않으려 할 것이다. 진화 심리학자들은 병원체의 위험을 강조하는 사진들을 본 사람들은 다수의 의견에 동조하는 경향이 더 높아짐을 발견하였다.

본성이 답이다

전염병을 피해야 하는 동기가 활성화된 상황에서 사람들은 남들과 어울리는 것을 꺼리고, 외부 집단에 대한 편견이 더 심해지고, 권위를 더 내세우며 남의 일탈을 못 참게 된다. 메르스 공포가 온 나라를 뒤덮은 한 달 동안, 대한민국에 이런 변화가 실제로 일어났는지 따져 볼 일이다. 여당 원내 대표가 정부의 국정 운영 기조를 거스르고 자기 정치를 한다며 직격탄을 날린 박근혜 대통령의 행동은 꽤 잘 설명되는 것 같다.

「인사이드 아웃」,
왜 본부에는 감정만 있을까

픽사의 영화 「인사이드 아웃」의 발상을 처음 들었을 땐 솔직히 못마땅했다. "우리 머릿속에 우리 몸을 조종하는 누군가가 살고 있다고? 쳇, 이건 육체가 소멸해도 비물질적인 영혼은 결코 사라지지 않는다는 케케묵은 오류잖아?" 오해는 예고편을 보고 나서 금세 풀렸다. 주인공인 열한 살 소녀 라일리의 마음을 이끄는 본부 안에는 '기쁨', '슬픔', '버럭', '까칠', '소심'이라는 다섯 명의 의인화된 감정들만 임무를 수행하고 있었다. 이성은, 본부에 없었다! 기대감이 급상승했다.

뇌 과학자들과 심리학자들의 조언을 받아 완성된 영화 「인사이드 아웃」은 마음의 작동 방식에 대한 최신 과학 성과를 꽤 정확히 그려 낸다. 아쉽게도 아주 정확하지는 않다. 물론 이해한

다. 이 영화는 과학 교육용 다큐멘터리가 아니다. 게다가 아이들을 위한 영화니만큼 줄거리를 최대한 단순하게 해야 했을 것이다. 어쨌든, 다섯 감정만이 본부에서 마음을 지휘한다는 설정이 왜 중요한지 살펴보자. 이 글에 스포일러는 별로 들어 있지 않다.

1943년에 픽사의 모회사 디즈니는 8분짜리 애니메이션 「이성과 감정」을 제작했다. 차가운 이성은 안경 끼고 양복 입은 신사로 그려진다. 뜨거운 감정은 도끼 들고 털가죽 걸친 원시인으로 그려진다. 주인공의 머릿속에서 둘은 누가 주도권을 잡을지를 놓고 서로 티격태격한다. 출출한 밤에 치맥을 먹고 살이 쪄버릴까, 아니면 그냥 자서 다이어트에 성공할까 심각히 고민해 본 사람이라면 이성과 감정이 머릿속에서 항상 충돌하는 이 그림이 더 그럴듯하게 여겨질 것이다. 놀라지 마시라. 최근의 많은 연구는 이러한 통념이 틀렸음을 보여 준다. 통제 본부에는 감정만 있어서 우리를 지휘한다. 그것도 하나가 아니라 여러 다양한 감정들이.

왜 그럴까? 우선 라일리의 머릿속이 매우 복잡하고 정교한 설비들로 빼곡히 채워져 있음을 되짚어 보자. 성격 섬들, 장기기억 창고, 꿈을 상영하는 극장, 상상의 나라, 생각의 기차, 추상적 사고의 복합 건물, 협곡 아래의 기억 폐기장 등등 셀 수 없을 정도다. 오직 자연 선택에 의한 진화만이 이처럼 복잡한 설비들을 만들 수 있다. 자연 선택은 무작위적인 유전적 변이 중에 다음 세대에 가장 잘 전파되는 변이만을 우직하게 골라내는 과정이기 때문이다(왠지 '자연 선택'이라는 명찰을 단 채 뭐든지 뚝딱뚝딱 만들어 내는 건축가 캐릭터가 연상된다.). 그 결과, 인간의 진화 역사에서 생존과 번식을 좌우했던 여러 현실적인 문제들을 잘 해결하게끔 만들어진 설비들이 머릿속에 장착된다.

그런데 어떤 문제가 생겼을 때 마음속의 복잡한 설비들이 원활하게 잘 작동하려면 중간에서 지휘하고 조정해 주는 역할이 필요하다. 예컨대, 어린 라일리가 장난감 수레를 타고 질주하다가 앞에 놓인 전깃줄을 발견한다. 계속 나아가면 수레가 줄에 걸려 넘어져서 라일리가 크게 다치게 된다. 어떤 설비들이 활동을 시작해야 할까?

첫째, 안전을 최고의 목표로 삼는다. 둘째, 겁먹은 표정을 지어 부모에게 도움을 청한다. 셋째, 심장 박동이 빨라져 바로 행동에 뛰어들게 한다. 넷째, 다른 일에는 주의를 꺼 버린다. 당장 오줌 마려운 것쯤이야 무시한다. 다섯째, 추론을 해서 지금 바로 수레에서 내리면 안전할지 등을 계산한다. 여섯째, 과거에 비슷한 곤경에 처한 적이 있는지 기억해 낸다. 이들은 모두 라일리를 안전하게 지킨다는 당면 과제를 해결하기 위해 한꺼번에 작동되어야 하는 설비들이다. 영화에서 '소심'이로 나오는 두려움 정서가 제어판의 단추를 눌러 이들을 모두 작동시킨다.

여기서 감정이 지휘하는 측면 중에는 표정, 심장 박동처럼 생리적인 측면뿐만 아니라 주의, 추론, 기억처럼 인지적인 측면도 있음을 주목하길 바란다. 영화에서 추상적 사고, 귀납적 추리 등이 의인화된 캐릭터가 아니라 본부 밖에 세워진 시설로 묘사되고 있음은 그래서 흥미롭다. 반면에 다섯 감정은 본부 안에 있으면서 라일리의 몸과 마음을 지휘한다(라일리의 어릴 적 상상 친구 '빙봉'은 '기쁨'이를 "본부의 높은 분"이라고 칭한다.). 예를 들어, 분노를 담당하는 감정 '버럭'이는 라일리가 고향 미네소타로 가출하게 한다. 여기에는 라일리가 인터넷에서 시외버스 시간표를 알아보고 여행 경비를 조달하는 등의 인지적인 활동도 포함된다.

「인사이드 아웃」이 지닌 미덕 중의 하나는 정서가 우리 마음속에서 어떤 일을 하는지 잘 보여 준다는 점이다. 정서는 당면한 문제를 잘 해결하는 데 필요한 여러 심리 장치들 — 생리 반응, 지각, 주의, 추론, 기억, 동기 부여, 학습, 의사소통 등등 — 을 매끄럽게 조정하고 지휘하는 관리자다. 앞서 말했듯이, 과학자에게 트집 잡힐 부분도 꽤 있다. 필자가 가장 불편했던 점은 하키, 가족, 친구 등 라일리가 살면서 겪은 경험들이 라일리의 성격을 전적으로 빚어낸다고 그려진 부분이다. 성격은 유전의 영향을 많이 받으며 외부 경험의 영향은 미미하다는 것이 잘 알려졌다. 아마도 제작진이 성격 심리학자의 조언을 귓등으로 흘린 듯하다.

추측할 수 있는
정도보다 더 기이한

미국 유학 시절 내 소소한 행복 하나는 매주 화요일《뉴욕 타임스》를 가판대에서 사 읽는 것이었다. 화요일마다 12면짜리 두툼한 과학 섹션이 실렸기 때문이다. 매주 알찬 과학 기사들을 한 아름씩 안겨 주는 신문이 나오는 과학 문화가 몹시 부러웠다. 그런데 과학이 대다수 보통 사람들에게는 어렵고 지루한 딴 나라 이야기로 치부되는 현실은 한국이나 미국이나 마찬가지인 모양이다.《뉴욕 타임스》의 과학 기자 나탈리 앤지어(Natalie Angier)는 입사 직후 회사 선배에게 자신이 과학 섹션을 담당하게 된 기자라고 소개했다. 그 선배가 답했다. "아, 그럼 제가 목요일마다 당신 기사를 보겠네요." 이 이야기를 전해들은 어느 과학자는 "물론이죠. 당신이 신문을 48시간 동안 묵힌 다음에 읽

는 버릇이 있다면요."라고 쏘아붙이지 그랬느냐며 아쉬워했다고 한다.[●]

도대체 왜 일반 대중이 과학에 관심을 기울여야 할까? 흔히 과학자들은 세계적인 중요 현안들에 과학이 이미 깊숙이 관여하고 있기 때문이라고 역설한다. 봄이 봄 같지 않은 기후 변화, 요즘 자주 일어나는 지진들, 낙태 수술 논쟁 등에 슬기롭게 대처하려면 누구나 과학을 어느 정도 알고 있어야 한다는 것이다. 맞는 말이다. 하지만, 나는 과학이 그냥 재미있고 즐겁기 때문이라는 앤지어의 주장에 더 동의한다. 모두 다 과학을 알아야 하는 까닭은, 과학이 소녀시대의 화려한 무대보다 더 큰 기쁨과 즐거움을 선사하기 때문이다.

'그 따분한 과학이 재미있다니 이 사람도 어지간히 학교 다닐 때 책만 팠나 보군.' 이렇게 생각하실 분들을 위해 과학이 우리의 상식을 유쾌하게 깨뜨리는 장면들을 살펴보자. 우리가 물을 한 컵 마실 때마다, 수백 년 전 이순신 장군의 방광을 통과했던 물 분자를 적어도 하나 이상 섭취했을 가능성은 매우 크다 (온 세상에 존재하는 물 컵의 수보다 물 한 컵에 들어 있는 물 분자의 수가 훨

● 나탈리 앤지어, 『원더풀 사이언스』

씬 더 많기 때문이다.). 바위 같은 단단한 고체는 사실 거의 완전히 텅 빈 공간이다(한 원자에서 핵이 차지하는 부피는 잠실 야구장에서 파리 한 마리가 차지하는 부피에 불과하기 때문이다.).

수백만 년 동안 아프리카 초원에서 수렵 채집 생활을 했던 우리 인간의 마음은 당시 조상의 생존과 번식을 좌우했던 문제들만 쉽고 능숙하게 처리하게끔 진화하였다. 물 한 컵에 들어 있는 물 분자의 수가 얼마나 많은지 체감하거나, 중성자처럼 아주 작은 입자가 바위를 향해 돌진하면 어떻게 될지 예측하는 능력은 처음부터 진화하지 않았다. 요컨대, 과학은 진화가 우리의 마음에 둘러쌓은 장벽을 우리가 훌쩍 뛰어넘을 수 있게 해 준다. 잡식성 영장류의 한 종이 직관적으로 쉽게 이해하는 범위 따윈 결코 신경 쓰지 않는 우주의 작동 원리를 과학을 통해 엿보는 순간, 우리는 찬탄과 경이로움을 느끼게 된다. 바로 이러한 의미에서, 생물학자 J. B. S. 홀데인(J. B. S. Haldane)은 "우주 만물은 우리의 추측보다 더 기이할 뿐만 아니라, 우리가 추측할 수 있는 정도보다 더 기이할지도 모른다."고 말했다.

'우리가 추측할 수 있는 정도보다 더 기이한' 현상으로 내가 좋아하는 예는 이렇다. 우리 모두는 두 발 달린 물고기다. 인간의 주요한 신체 구조와 행동은 모두 수억 년 전 뭍으로 올라온 조상 물고기로부터 물려받았다. 단단한 두개골에 담긴 두뇌, 좌우 한 쌍으로 존재하는 눈/귀/콧구멍, 몸을 지탱하는 척추, 턱과 치아가 있는 입 등은 물고기가 처음 발명했다. 심지어 코가 입 위에 있는 것도 가오리처럼 바다 밑바닥에 붙어살던 조상 물고기가 숨구멍을 내야 하다 보니 그렇게 배치되었다.[*] 소녀시대와 그 극성팬들이 실은 두 발 달린 물고기들이라는 재미있는 깨달음은 과학을 통해서만 얻을 수 있다.

● 닐 슈빈, 『내 안의 물고기』

본성이 답이다

맛은 어디에서
오는가

전국에서 모인 도전자들이 자신이 개발한 요리를 들고 나와 대결을 펼치는 「마스터 셰프 코리아」라는 TV 프로그램이 있다. 기상천외하고 색다른 요리 출품작들이 난무한다. 그런데 전라도에서 온 75세 송순자 할머니가 흔하디흔한 홍어회 무침을 내놓는다. 수십 년간 만들어 온, 자신 있는 요리라고 한다. 여기가 여염집 부엌이냐고 독설을 퍼부을 것 같던 심사 위원이 시식 후 의외의 평가를 한다. "송순자 씨 요리를 맛보고 옛날 어릴 때 생각이 났습니다. 제가 드릴 수 있는 최고의 칭찬입니다."

음식은 그저 영양분 더미가 아니다. 음식은 만남이고 기억이다. 지친 일상을 따뜻하게 감싸 준다. 첫사랑과 처음 만난 날 수줍게 주문했던 안심 가스, 어머니께서 도시락에 싸 주셨던 소시지 부침은 지금도 형언할 수 없는 특별한 맛을 선사한다. 맛이란 무엇인가? 맛은 어디에서 오는가? 이 질문에 답하려면 한 발짝 뒤로 물러설 필요가 있다. 인간의 특별함을 제대로 인식하려면, 인간만 들여다보지 말고 수백만 년을 통해 인간이 왜 다른 동물들과 다르게 진화했는지 비교해 살펴봐야 한다.

대다수 동물은 사실 심하게 편식한다. 소는 풀만 먹는다. 고래는 플랑크톤만 먹는다. 코알라는 유칼립투스나무의 잎만 먹는다. 반면에 인간은 엄청난 잡식 동물이다. 인간 종의 식단에는 과일, 뿌리, 씨앗, 이파리, 곤충, 고기, 생선, 견과, 곡물 등 각양각색의 메뉴가 올려져 있다. 원래 우리의 영장류 조상들은 나무 위에서 살면서 열매나 잎을 주로 먹었다. 약 200만 년 전에 일부가 초원으로 진출하면서 고기도 즐기는 잡식 동물이 되었다. 80만 년 전부터는 불을 사용하여 음식을 익혀 먹게 되었다. 1만 년 전부터는 농경으로 얻은 곡물이 주식이 되었다.

이처럼 다양한 먹이를 먹는 잡식 동물은 필연적으로 딜레마에 빠진다. 오늘 처음 본 먹거리 후보가 정말로 괜찮은 에너지원인지 아니면 아주 해로운 독인지 쉽게 판별할 도리가 없다는 것이다. "입에 넣자니 께름칙하고 지나치자니 아깝다."는 고민은 마트 시식 코너에서 낯선 먹거리를 만날 때뿐만 아니라 수백만

본성이 답이다

년 전부터 우리가 늘 해 온 고민이었다.●

　잡식 동물의 딜레마에 대한 해결책 중의 하나가 단맛, 짠맛, 감칠맛, 쓴맛, 신맛 등 다섯 가지 기본적인 맛을 느끼는 미각 체계이다. 맛은 우리의 먼 조상들로 하여금 과거의 수렵 채집 환경에서 귀하고 중요했던 영양분을 추구하는 한편(단맛, 짠맛, 감칠맛) 해로운 독소와 병원균을 피하게끔(쓴맛, 신맛) 자연 선택에 의해 설계되었다. 진한 초콜릿을 상상해 보자. 초콜릿을 한 조각 입에 넣는다. 혀 표면에 난 미뢰가 초콜릿에 든 화학 물질에 반응한다. 뇌에 신호가 전달되어 "달콤해!"라는 느낌이 생긴다. 초콜릿은 달콤하니 우리의 두뇌는 이를 달콤하다고 여긴다. 아주 당연한 말씀이다. 그런데 정말로 그럴까?

　놀랍게도, 초콜릿은 달지 않다! 우리가 경험하는 그 생생하고 풍부한 '달콤함'의 감각은 모두 우리의 두뇌가 만들어 낸 허상이다. 초콜릿은 본질적으로 달지 않다. 인류의 진화 과정에서 과일이나 꿀처럼 높은 에너지원이 되는 음식물을 선호하는 편이 번식에 유리했기 때문에, 우리는 당도가 높은 음식을 '달콤하다'고 느끼게끔 진화한 것뿐이다. 만약에 인류 진화에서 마늘

● 마이클 폴란, 『잡식 동물의 딜레마』

이 높은 에너지원이었다면, 우리는 생마늘 케이크를 마구 폭식하게끔 진화했을 것이다. 달콤한 음식을 아무리 전자 현미경으로 샅샅이 분석한다 한들, 그 안에서 달콤함의 본질을 찾을 수는 없다는 말이다. 이를 잘 보여 주는 사실로, 고양이는 달콤함을 전혀 느끼지 못한다. 아마도 진화 과정에서 탄수화물보다 고기에 집중하는 편이 더 유리했기 때문에, 고양이는 단맛을 느끼게 하는 유전자가 꺼져 있다(혹시 "우리 집 고양이는 아이스크림이나 도넛도 잘 먹는데!"라고 불평하는 중이라면, 진정하시라. 이는 고양이가 단맛 때문이 아니라 기름진 지방의 감칠맛에 끌리기 때문이다.).

물론 맛은 미뢰와 신경 세포, 전두엽만의 문제는 아니다. 처음에 이야기했듯이, 어떤 음식에 대해 우리가 이미 어떻게 생각하고 있는가는 그 음식의 맛을 판단하는 데 영향을 끼친다. 예일 대학교의 심리학자 폴 블룸(Paul Bloom)은 저서 『우리는 왜 빠져드는가?』에서 이를 입증하기 위해 행해진 실험들을 소개한다. 방식은 간단하다. 완전히 똑같은 음식을 두 집단의 사람들에게 맛보게 한다. 이때 그 음식에 대한 설명은 각 집단에 서로 다르게 제시한다. 그러고 나서 맛이 어떤지 물어본다. 이러한 실험들을 통해 얻은 결과들은 대단히 흥미롭다. 예컨대, 같은 포도주라도 1등급 라벨을 달았을 때는 최하등급 라벨을 달았을 때보다 더 향기롭고 맛있다는 평가를 받았다. 같은 아이스크림이라도 "고지방" 라벨을 달았을 때는 "저지방" 라벨을 달았을 때보다 더 맛있다고 평가 받았다. 같은 코카콜라라도 상표가 큼지막하게 새겨진 컵으로 마셨을 때는 그냥 컵으로 마셨을 때보다 더 맛있다고 평가되었다.

음식에 대한 기대가 그 음식의 맛을 가늠하는 데 영향을 끼친다고 할 때, 두 가지 가능성이 있다. 첫째, 느끼는 맛 자체는 같지만 이미 품고 있는 기대 때문에 맛을 더 높게 혹은 더 낮게 평가할 수 있다("흠, 포도주 맛은 그저 그렇군. 하지만 1등급이라니까 뭔가 특별한 게 있을 거야. 맛이 기막히다고 이야기해야지."). 둘째, 음식에 대한 기대가 우리가 느끼는 맛 자체를 더 높이거나 더 낮췄을 수 있다("포도주 맛이 정말 끝내주는데!").

둘 중 어느 쪽이 맞는지 확인하기 위해 정교한 실험들이 행해졌다. 흥미롭게도, 정답은 두 번째로 판명되었다. 음식에 대해 미리 품은 기대나 지식은 지금 먹는 음식의 맛을 정말로 높이거나 떨어뜨린다. 안심 가스나 등심 가스나 맛은 똑같다고 평소 생각할지라도, 첫사랑과 설레는 대화 속에 나눈 안심 가스의 추억은 유부남이 되어 지금 입안에 넣고 있는 안심 가스를 등심 가스 따위보다 진정 더 맛있게 만든다. 행복한 추억과 결부된 음식을 지금 맛보아도 실제보다 더 맛있게 느끼는 성향이 우리의 진화적 조상들의 생존과 번식에 유리하게 작용했으리라는 것은 쉽게 짐작할 수 있다.

매일 우리가 경험하는 다채로운 맛들은 수백만 년 동안 이어진 인류 진화의 산물이다. 이 부정할 수 없는 역사적 사실은 맛이 우리에게 주는 행복을 빼앗기는커녕 더욱 더 풍요롭고 깊이 있게 한다.

위험한 자극

큰가시고기 수컷은 번식기가 되면 아랫배가 빨갛게 된다. 자기 영역을 지키다가 다른 수컷이 영역에 침범하면 맹렬하게 공격한다. 동물 행동학자 니코 틴버겐(Nikolaas Tinbergen)은 여러 나무 모형들을 만들어 실험한 결과, 아랫배의 빨간색이 수컷의 공격 행동을 일으키는 자극임을 알아냈다. 어떤 물체가 물고기를 하나도 안 닮았어도 빨갛기만 하면 수컷들은 광분한다. 틴버겐은 실험실 수조에서 키우던 큰가시고기 수컷들이 바깥에 빨간 우체국 트럭이 지나가자 일제히 창 쪽으로 몰려들어 으르렁댔다고 술회했다. 그런가 하면 검은머리물떼새 어미에게 알을 품는 행동을 일으키게 하는 자극은 알의 크기다. 어미 새에게 그가 직접 낳은 알과 타조의 거대한 알을 함께 줘 보시라. 어미 새는 막

무가내로 타조 알 위에 올라타서 어떻게든 품으려 애쓴다.

종종 동물들은 실제 자극보다 훨씬 더 과장된 자극에 강하게 끌린다. 틴버겐은 이를 초정상 자극(supernormal stimuli)이라 했다. 검은머리물떼새가 어리석어 보일지 모르지만, 이 새가 진화한 환경에서 타조 알처럼 거대한 알은 애초에 없었다. "큰 알을 선호하되, 길이가 6센티미터가 넘는 알은 너무 크니 피해라."라고 복잡하게 잔소리하는 유전자보다 "무조건 큰 알을 선호하라."라고 단순하게 이르는 유전자가 자연 선택되었을 것이다.

초정상 자극은 동물들의 우스꽝스러운 행동을 설명하는 데만 유용한 건 아니다. 수백만 년 동안 아프리카 사바나에서 수렵 채집 생활을 하다 난데없이 현대 산업 사회에 내던져진 우리 인간은 온통 초정상 자극에 둘러싸여 있다. 어떤 과일보다 더 달콤한 초콜릿, 어떤 동네 청년보다 더 매력적인 연예인, 어떤 실화보다 더 극적인 영화는 종종 우리로 하여금 잘못된, 즉 생존과 번식에 해로운 선택을 하게 한다.●

진화 심리학자 더글러스 켄릭(Douglas T. Kenrick)은 텔레비전, 인터넷 등 대중 매체를 도배하는 연예인들의 매혹적인 외모

● 디어드리 배릿, 『인간은 왜 위험한 자극에 끌리는가』

본성이 답이다

가 실제 연인과의 관계에 악영향을 끼칠 수 있음을 보였다. 한 남성 집단에겐 김태희, 수지 같은 여성 스타들의 사진을 보여 주고, 다른 남성 집단에겐 평범한 외모의 여성들의 사진을 보여 주었다. 그러고 나서 참여자들이 현재 사귀고 있는 여자 친구에게 얼마나 깊이 빠져 있는지 물었다. 마찬가지로, 여성들에게도 원빈, 송중기 같은 남성 스타들 혹은 일반 남성들의 사진을 보여 준 다음 현재 연애 중인 남자 친구를 얼마나 사랑하는지 물었다.

성차는 뚜렷했다. 예쁜 여자 연예인들의 사진을 감상한 남성들은 자신의 여자 친구에 대한 사랑이 일반 여성들의 사진을 본 남성들에 비해 확연히 낮았다. 반면에 여성들이 실제 남자 친구에게 품는 사랑은 잘생긴 남성 연예인의 사진들을 보건 평범한 남성들의 사진들을 보건 간에 차이가 없었다. 요컨대, 화장발과 조명발에 힘입은 여성 연예인들의 빛나는 외모가 정상이라고 착각하는 남성은 정작 사랑해야 할 연인이나 아내에게 만족 못하는 어려움을 겪는다.

켄릭의 연구가 내면의 성숙을 중시하는 여성들과 달리 남성들은 그저 예쁘다면 정줄을 놓는 팔푼이임을 입증한다고 생각하시는가? 조금 더 들어 보길 바란다. 후속 연구에서 켄릭은 참여자들에게 사회적 지위가 매우 높은 혹은 낮은 이성의 사진들을 보여 준 다음에 이것이 실제 애인에 대한 사랑에 영향을 끼치는지 조사했다. 남성 참여자들은 애정이 흔들리지 않았다. 그러나 재벌 2세나 고소득 전문직 남성들을 본 여성들은 실제 남자 친구에 대한 애정이 현저히 낮아졌다.

대중 매체에는 사회적으로 성공한 남성들과 눈부시게 아름다운 여성들이 넘쳐 난다. 당장은 나에게 즐거울지 몰라도, 내가 진정 사랑하는 이와의 관계를 위험에 빠뜨릴 수 있는 초정상 자극임을 기억하자.

본성이 답이다

인간은 계속
진화하는가

과학자들은 종종 쌀쌀맞다. 미래에 인간이 어떻게 진화할지 그들에게 물어보라. "아, 인간은 아주 오래전에 진화를 멈추었습니다."라는 건조한 대답이 돌아올 것이다. 말보다 문자 메시지를 즐기다 보니 엄지손가락이 주먹만 한 엄지족으로 진화할 것 같다는 재미난 상상 따위는 아예 접으라고 쏘아붙일 기세다.

인간은 더 이상 진화하지 않는다는 이론은 과학자들 사이에 상식처럼 통용된다. 약 5만 년 전에 출현한 크로마뇽인들은 정교한 석기, 장신구, 악기 등을 남긴 완전한 현생 인류였다. 프랑스의 라스코 동굴에 그려진 장엄한 동굴 벽화를 본 사람이라면 누구나 크로마뇽인들이 신체적으로뿐만 아니라 정신적으로도 어엿한 현대인이었다고 고개를 끄덕일 것이다.

문화의 출현과 더불어 유전적 진화는 사실상 마침표를 찍었다. 인간의 문화는 자연 선택의 냉혹한 칼바람으로부터 인간을 든든히 보호해 주는 방풍벽이다. 항생제, 안경, 중앙난방, 조제 인슐린, 식료품, 피임제 등이 넘치는 현대 세계에서 자연 선택은 더 이상 번식에 유리한 형질을 골라내는 체가 되지 못한다. 신종 플루(novel swine-origin influenza A, H1N1, 신종 인플루엔자)에 안 걸리는 돌연변이 유전자를 타고난 사람들이 타미플루(Tamiflu)를 먹고 깨끗이 회복한 다른 사람들보다 자식을 딱히 더 많이 남기진 않을 것이다. 시력이 좋은 사람들이 시력이 나빠 안경을 쓰는 사람들보다 자식을 딱히 더 많이 남기진 않을 것이다. 유전학자 스티브 존스(Steve Jones)는 100만 년 후에도 인류가 생존한다면, 그들은 현재의 우리를 꼭 닮았으리라고 단언했다.

정말로 인간의 진화는 멈춘 것일까? 분자 인류학자 존 혹스(John Hawks)와 그의 동료는 고개를 가로젓는다. 느려지거나 멈추기는커녕, 인류는 지구상에 인류가 존재했던 600만 년 동안의 평균 속도에 비하여 최근 1만 년 동안 약 100배나 더 빨리 진화했다고 이들은 주장한다. 앙상한 나뭇가지에서 순식간에 꽃이 만발하더라는 주장에 비견할 수 있을 만큼 도발적인 이론이다. 그러나 이들은 인간 유전체를 면밀히 조사한 끝에 적지 않은 수의 유전자들이 빠르게 자연 선택되고 있음을 입증했다.

인간을 진화의 추월 차선에 밀어 넣은 요인은 크게 두 가지로 요약된다. 첫째, 1만여 년 전에 농업이 시작되어 잉여 생산물이 늘어나면서 인구가 폭발적으로 증가하였다. 이 짧은 기간 동안 600만 명에 불과했던 전 세계 총인구는 오늘날 67억 명으로 증가했다. 번식에 도움을 주는 유리한 돌연변이는 아주 드물게 일어나므로, 유리한 돌연변이가 되도록 많이 생겨나려면 일단 사람들의 머릿수가 많아야 한다. 둘째, 정주형 농업 생활을 하게 되고, 평균 수명이 늘어나고, 가축으로부터 전염병을 얻는 등 새로운 환경이 인류를 둘러싸게 되었다는 사실은 자연 선택의 영향력이 쇠락함을 의미하지 않는다. 오히려 그전에는 선택하지 않았던 형질을 새로이 자연 선택하기 위해 진화의 가속 페달이 힘차게 눌려짐을 의미한다.

인간이 이룩한 문화가 자연 선택에 의한 진화를 주저앉히기는커녕 오히려 새로운 방향으로 전환시켜 힘차게 가속시킨 사례를 젖당 분해 효소(lactase)에서 볼 수 있다. 다른 포유동물과 마찬가지로, 수렵 채집 생활을 하던 우리 조상들은 유아기를 벗어나면 더 이상 젖당을 분해하는 효소를 만들지 않았다. 엄마가 주는 젖을 놓고 치사하게 젖먹이 동생과 다투지 않기 위함이다.

그러나 가축을 키우게 되면서 가축이 내는 젖은 모든 연령대의 사람들에게 훌륭한 에너지원으로 다가왔다. 젖당을 분해할 수만 있다면 말이다. 결국 약 8000년 전에 어른이 되어서도 젖당 분해 효소를 계속 만드는 이로운 돌연변이가 처음 발생하여 유럽 전역으로 퍼져 나갔다. 덴마크인이나 스웨덴인들의 95퍼센트 이상이 젖당 분해 효소가 있어서 우유를 마음껏 마실 수 있다. 하지만 소젖에 상대적으로 덜 의존했던 우리나라에선 우유 먹으면 설사하는 사람들을 주위에서 어렵지 않게 볼 수 있다.

인간 유전체 프로젝트 덕분에 새롭게 얻어진 연구 결과들은 문화의 출현이 인간의 유전적 진화를 한층 더 가속하고 있음을 보여 준다. 추월선상의 인류는 과연 어떻게 진화할까? 문화와 생물학을 매끄럽게 통합하는 열린 시각이 필요한 질문이다.

● "인간은 지금도 진화하고 있는가?"라는 질문에 관심 있는 분들에게 그레고리 코크란, 헨리 하펜딩의 『1만 년의 폭발』을 추천한다. 종종 필자는 인간이 생각보다 빨리 진화하고 있다면, 석기 시대의 마음이 현대인의 두개골 안에 여전히 들어 있다는 진화 심리학의 주장은 무너지는 것이 아니냐는 질문을 받는다. 『1만 년의 폭발』의 두 저자는 머리카락 색깔이나 우유 소화 능력 같은 생리적 진화는 비교적 소수의 유전자가 관여하기 때문에 진화가 빨리 이루어지지만, 복잡한 심리 기제의 경우 워낙 많은 유전자들이 관여하기 때문에 지난 1만여 년 간에 심리가 크게 변화했으리라고는 보기 어렵다고 밝히고 있다.

2

폭력의 문제

전쟁은 과거의
낡은 유물이다

남북 관계가 전시 상황에 들어갔다고 북한이 선언했다. 미국 본토와 하와이, 괌이 녹아나고 청와대도 초토화될 것이라며 연일 위협하고 있다.● 그런데 우리 국민은 왠지 심드렁하다. 개막을 맞은 프로 야구장에 구름 관중이 몰리고, 코스피 지수는 상승세다. 북한이 제3차 핵 실험을 강행한 날, 인터넷 포털의 실시간 검색어 1위는 이날 할인 행사를 한 화장품 상표였다. 이런 태평한 모습은 우리 사회에 만연한 안보 불감증을 보여 준다며 개탄하는 목소리들이 여기저기서 들렸다.

● 2013년 2월 12일에 북한은 3차 핵 실험을 강행했고 그해 상반기 내내 '전쟁도 불사하겠다.'며 한국과 미국을 향해 협박을 계속했다.

안보 불감증은 당장 전쟁이 코앞에 닥친 위험한 상황인데도 적절한 대응을 하지 않을 만큼 우리의 안보 의식이 엷어졌음을 꼬집는 말일 것이다. 한반도는 전쟁 중이라고 북한이 친절하게 (?) 알려 주는 마당에, 안보 불감증을 사실로 받아들이고 그 원인을 찾으려는 시도는 지극히 자연스러워 보인다. 그러나, 다른 관점도 있다. 만약 현시대가 인류 역사상 전쟁의 위험이 어느 때보다 낮은 평화로운 시대라면, 지금이 매우 위급한 상황이라는 안보 불감증의 전제 자체가 성립하지 않는다. 진화 심리학자 스티븐 핑커가 『우리 본성의 선한 천사』에서 펼치는 주장이 맞는다면, 오늘날 대한민국 국민의 차분한 모습은 전쟁이 구닥다리가 된 현시대의 당연한 반응일 뿐이다.●

참고로 핑커는 이 책에서 전쟁뿐만 아니라 고문, 살인, 구타, 강간, 성차별, 자녀 볼기짝 때리기 등 모든 형태의 폭력이 인류가 처음 출현한 이래 현재까지 꾸준히 감소했다고 주장한다. 이 중 전쟁만 살펴보기로 하자. 전쟁이 계속 줄어든 덕분에 오늘날 세

● 스티븐 핑커의 『우리 본성의 선한 천사』를 꼭 읽어 보길 바란다. 인류 역사상 아마도 가장 중요한 문제, 즉 어떻게 폭력을 누르고 평화가 흐르는 사회를 건설할지에 대한 해법을 제시하는 책이다.

계는 가장 평화로운 시대를 살고 있다는 말은 정신 나간 소리로 들린다. 정반대로, 20세기는 두 번의 세계 대전, 한국 전쟁, 베트남전 등 역사상 피를 가장 많이 흘린 세기라고 하지 않던가?

방대한 자료를 정량적으로 분석한 결과는 이러한 믿음이 틀렸음을 보여 준다. 국가가 성립되기 전인 1만여 년 전에는 세계 총인구의 약 15퍼센트가 전쟁으로 사망했다. 반면에 20세기에는 총인구의 0.7퍼센트가 전쟁으로 죽었다. 특히 제2차 세계 대전이 끝난 1945년부터 전쟁이 눈에 띄게 줄어서 1980년대에는 전 세계 인구의 0.01퍼센트 미만이, 21세기엔 0.001퍼센트 미만이 전쟁으로 죽었다. 20세기 후반부터 평화가 이어지고 있음은 각 국가의 징병제 군 복무 기간과 군 병력 규모가 계속 감소하고 있다는 사실에서도 확인된다.

왜 전쟁이 줄고 있는가? 핑커는 전쟁과 같은 조직적인 폭력을 배척하게 하는 심리, 곧 공감, 자기 절제, 이성, 정의감 같은 우리 내부의 '천사들'이 실질적인 제도와 규범으로 나타났기 때문이라고 본다. 이러한 제도로서 먼저 국가 간의 무역을 들 수 있다. 과거에는 국가의 부가 침략 전쟁으로 넓힌 영토에서 나왔다. 오늘날 국가의 부는 쌍방이 이득을 보는 무역에서 나온다. 즉, 전쟁은 더는 수지맞는 장사가 아니다. 실제로 1945년 이후 국가 간의 경계가 전쟁으로 변경된 적은 한 번도 없다. 국가 간의 분쟁을 조정하는 국제기구의 출현, 독재자가 돌발 행동을 일으키는 것을 막는 민주주의의 파급도 전쟁을 감소시키는 데 이바지했다.

물론, 한반도에 전쟁이 절대 일어나지 않는다고 누구도 단언할 수 없다. 중요한 점은 오늘날 우리는 공개 장소에서 사형을 집행하거나, 돈을 갚지 못한 이를 감금하거나, 일상적으로 고문을 자행하는 일은 상상조차 할 수 없을 만큼 인류가 출현한 이래 가장 평화로운 시대를 살고 있다는 것이다. 안보 불감증을 우려하기 전에 그동안 한반도에 평화를 유지해 온 동력이 무엇이었는지 차분히 짚어 보자.

누가 테러리스트가
되는가

"제 인생에서 가장 행복한 날들이었어요. 내가 곧 영생을 얻게 된다니 하늘을 떠다니는 기분이었죠. 한 치의 의심도 없었어요."

1993년 이스라엘인들이 탄 버스를 탈취해 함께 폭사하려다 실패한 뒤 승객들에게 총기를 난사했던 팔레스타인 무장 단체 대원이 자살 폭탄 테러를 준비하던 기간을 회상하며 한 말이다. 프랑스 시사 주간지《샤를리 엡도》테러를 저지른 무슬림 형제들이나, 요르단 조종사를 산 채로 화형시킨 수니파 무장 단체 '이슬람 국가(IS)'의 테러리스트들도 희생자가 죽는 모습을 보며 죄책감보다는 크나큰 희열을 느꼈을 것이다. 끔찍하다. 최근에는 18세 한국인 김 군이 IS에 자발적으로 가담했다는 소식이 우리 사회에 충격을 던졌다. 왜 어떤 사람들은 죽음을 각오하며 테러리스트가 되고자 하는가? 무엇이 이들을 인간 폭탄으로 만드는가?

대중 매체나 일반적인 통념은 자살 테러리스트를 인간이길 포기한 악마나 맛이 간 미치광이로 그린다. 못 배우고 가난한 무직자들이 깊은 좌절감과 정신병에 시달린 끝에 자살 테러를 감행한다는 것이다. 미국의 조지 부시 전 대통령도 9/11 테러범들을 '사악한 겁쟁이'라 부른 바 있다. 과연 그럴까?

인류학자 스콧 애트런(Scott Atran)은 중동의 수많은 자살 테러리스트들과 심층 면담을 했다. 그 결과, 세간의 흔한 통념은 완전히 잘못되었음이 밝혀졌다. 무지하거나, 가난하거나, 정신병이 있기는커녕 자살 테러리스트들은 비교적 교육을 잘 받은 중산층 가정 출신이었다. 정신 이상도 없었다. 테러 단체에 들기 전에 폭력 전과가 이미 있었던 이도 거의 없었다. 대개 젊은 미혼 남자들이었고, 이슬람교에 대한 신앙심이 꽤 깊었다.

아니나 다를까, IS에 가담한 김 군도 공무원 아버지를 둔 평범한 가정에서 자랐으며, 사교성이 부족했을 뿐 온순한 성격이었다고 언론에 보도되었다. 어느 모로 보나 정상 분포에 속하는 젊은 미혼 남성들이 중동의 테러 단체에 다투어 지원한다는 사

실은 테러 조직의 한 간부가 내뱉은 푸념에서 알 수 있다. "우리의 가장 큰 문제점은 우리 문을 두드리는 젊은이들이 너무 많다는 것이요."

왜 젊은 남성 중에서 테러 조직에 가담하는 자가 나오는가? 인류의 진화 역사에 그 해답이 있다. 어느 사회에서나, 자기가 속한 동아리 내에서 인정을 받으려 애를 더 쓰는 쪽은 여성이 아니라 남성이다. 아득한 조상 남성이 집단 내에서 차지한 지위는 그가 장차 얻게 될 자식 수에 결정적인 영향을 끼쳤기 때문이다. 그래서 남자들은 위신을 높일 수만 있다면 무모하고 위험한 짓에 과감히 뛰어드는 경향이 있다. 친구와 누가 오줌을 더 멀리 싸는지 겨룬다. 길 가다가 눈이 마주쳤다며 칼부림을 한다. 인터넷 커뮤니티에서 각자의 연봉이나 지능을 놓고 허세를 부린다.

애트란은 테러의 씨앗이 젊은 남성들의 작은 동아리에서 종종 싹튼다고 지적한다. 카페, 기숙사, 이발소, 축구 클럽, 인터넷 게시판에 청년들이 모인 자리에서 누군가 대의를 위해 온 몸을 던진다면 그는 삽시간에 주목 받고 인정받게 된다. 대의를 위한 헌신은 특히 종교를 통해 강화된다. 말 그대로 천국을 믿어서라기보다는, 숭고한 사명에 내 모든 것을 바치겠노라는 영적인 경외감이 IS와 관련된 웹사이트를 인터넷에서 검색하게 한다.

본성이 답이다

애트란은 미국 상원 분과 위원회에 출석하여 자신의 연구 결과를 이렇게 요약했다. "테러리스트들에게 영감을 주는 것은 코란이 아니라 친구들의 눈앞에서 찬사와 존경을 얻을 테니 어서 행동에 나서라는 짜릿한 대의입니다. 살아서는 결코 맛보지 못할 더 큰 세상에서 영원히 존경 받고 기억되는 환희를 친구들을 통해 얻는 것입니다." 요컨대, 여기 한 평범한 젊은 남자가 있다. 또래들에게 인정받으려는 열망이 종교를 만난다. 끔찍한 자살 테러가 신성한 사명으로 둔갑하게 된다.

김 군이 IS에 가담했다는 소식이 전해지면서, 우리 사회에서도 중동의 극단적인 테러에 한국인이 연루되는 것을 사전에 예방할 필요성이 점점 높아지고 있다. 극소수의 가난한 정신병자들이 IS에 세뇌되어 인간 폭탄이 된다는 통념은 명백히 틀렸을 뿐만 아니라 문제 해결에 도움을 주지 않는다. 김 군이 극우 성향의 인터넷 커뮤니티인 '일간 베스트 저장소'의 회원이라는 헛소문까지 한때 나돌지 않았던가.

상당한 수의 평범한 한국 젊은이들에게 텔레비전에 나오는 아랍 테러리스트들이 왠지 '쿨'하고 멋있게 비추어질 수 있음을 우리는 먼저 아프게 인정해야 한다. 그리고 그들 눈에 비치는 '영웅'들이 자국민들에게 얼마나 큰 재앙과 고통을 주고 있는지 더 상세히 알릴 필요가 있다. 장기적인 해법으로, 또래들에게 인정받고자 하고 뭔가 가슴 뛰는 체험을 하고자 하는 젊은이들을 만족하게 해 줄 온라인 및 오프라인상의 연결망을 더 많이 만드는 데 정책적인 관심을 기울여야 한다. 농구나 축구 동아리, 보이 스카우트는 사내아이들 간의 무의미한 싸움박질을 줄이는 데 특효약이다. 누구나 다 아는 이야기다.

왜 '헬조선'이
문제인가

'헬조선'. 지옥 같은 한국 사회를 가리켜 청년들이 냉소하며 부르는 말이다. 아무리 애를 써도 일자리를 얻기 어렵다. 간신히 취업해도 노예처럼 착취당한다. 금수저 물고 태어난 상류층 자제들이 비행기로 유유히 탈조선에 성공할 동안, 흙수저 물고 태어난 서민층 자식들은 한강으로 탈조선한다. 중산층이 무너져 경제적 불평등이 나날이 심해지고 있는 '망한민국'의 상황을 왜 무겁게 받아들여야 하는지 진화의 관점에서 살펴보자.

행여 오해는 하지 마시라. 진화 심리학은 노력해도 안 된다며 좌절하는 젊은이들에게 "애야, 누굴 탓하겠니? 다 네가 불량한 유전자를 타고나서 그렇지."라며 결정타를 날리는 학문이 절대로, 절대로 아니다. 인간의 마음은 외부의 특정한 환경 조건이 있을 때만 비로소 반응하도록 설계된 수많은 심리적 도구들의 묶음이다. 따라서 경제적 불평등이라는 외부 조건에 대해 인간의 마음이 어떻게 반응하게끔 진화했을지도 추론할 수 있다. 모든 사람은 불평등이 심해지면 특정한 방향으로 ─ 먼 과거의 환경에서 번식에 유리했을 방향으로 ─ 행동하는 본성을 지닌다.

이제 경제적 불평등에 인간의 마음이 어떻게 대처하도록 진화했는지 보자. 자연 선택에 의한 진화는 자식 수를 최고의 덕목으로 여긴다. 자식을 몇이나 길러 내면 성공일까? 셋을 키웠다면 성공한 걸까? 이는 다른 이웃들이 길러 낸 자식 수에 달렸다. 남들이 하나씩만 길렀다면 셋은 성공이다. 남들이 다섯씩이나 길렀다면 셋은 실패다. 한마디로, 진화적 성공은 상대적이다. 인간을 포함한 모든 동물은 진화의 역사에서 자식 수를 늘리는 데 도움이 되었던 자원이나 기회를 두고 경쟁하게끔 설계되었다.

진화 심리학자 마틴 데일리(Martin Daly)와 마고 윌슨(Margo Wilson)은 명저 『살인』에서 집단 내에 상이한 경쟁 전략이 있다고 가정했다.● 각 개체는 둘씩 짝을 지어 싸운다. 고위험 전략은 상대에게 이길 가능성이 크지만, 지면 크게 다쳐 죽을 수도 있

● 진화 심리학계의 고전인 이 책은 최근 우리말로 번역되었다.

다. 저위험 전략은 이길 가능성이 적지만, 지더라도 죽지는 않는다. 어느 전략이 득세할지는 승자 혹은 패자에게 주어지는 상금(자식 수)이 얼마나 차이가 나는가에 달렸다. 경쟁의 승패에 따라 얻는 상금이 엇비슷하다면, 안전한 저위험 전략이 득세한다. 반대로 상금의 격차가 엄청나다면, 고위험 전략이 득세한다. 만약 패하면 죽을지도 모르는 전략인데도 말이다. 어쨌든 거액의 판돈이 걸렸다면 "못 먹어도 고!"를 일단 외치고 봐야 하는 셈이다.

경쟁의 성패에 따른 자식 수의 격차가 클수록 위험한 경쟁 전략이 선택된다는 통찰은 매우 중요하다. 번식에 완전히 실패할 확률이 높은 흙수저들이 어떻게든 절망적인 상황을 벗어나고자 위험한 행동에 뛰어들고, 때로는 죽음조차 무릅쓸 것이기 때문이다. 실제로 한 사회 내의 경제적 불평등은 살인 등의 폭력 범죄, 도난 등의 비폭력 범죄, 약물 남용, 성적 문란, 신체 및 정신 건강, 비만, 생존율과 밀접하게 연관됨이 여러 연구를 통해서 확인되었다.

예를 들어 데일리와 윌슨은 캐나다의 10개 주와 미국의 50개 주를 대상으로 각 지역 내의 소득 불균형 정도와 살인 사건 발생률 사이의 상관관계를 조사했다. 그 결과, 경제적 불평등이 심한 주일수록 살인 사건이 더 자주 일어나는 것으로 나타났다.

여러 나라의 살인율이 왜 이토록 차이가 나는지 조사한 다른 연구들도 국민 총생산이나 실업률, 근대화의 정도 등등의 다른 변수들보다 경제적 불평등이라는 변수가 살인율을 가장 잘 설명한다고 결론 내렸다. 요컨대, 나라가 얼마나 부유한지는 별로 중요치 않다. 국민들 사이에 부가 얼마나 잘 분배되어 있는가가 그 나라의 범죄 발생률, 기대 수명, 신체 및 정신 건강, 행복 등에 큰 영향을 끼친다.

헬조선에서 불황과 취업난에 허덕이는 젊은이들은 연애, 결혼, 출산, 인간관계, 내 집 마련, 희망 등등 진화적 과거에 번식으로 연결되었을 자원과 기회를 스스로 포기한다. 질병과 스트레스에 시달리다 짧은 생애를 마감할 일만 남는다. 자연 선택은 이렇게 앞날이 암울한 젊은이들이 범죄, 사고, 도박, 약물 남용 등 사회의 안정성을 뒤흔드는 위험한 행동을 감수하게끔 설계했다. 어차피 잃을 것도 없으니, 혹시나 성공하면 인생 역전을 꿈꿀 수 있는 일에 뛰어드는 것이다. 따라서 경제적 불평등을 줄이고 사회 복지를 확충하는 국가 정책은, 보수주의자들이 종종 생각하는 바와 달리, 게으른 사람들에게 혈세를 낭비하는 헛짓거리가 아니다. 오히려 국민 행복의 새 시대를 여는 주춧돌이다.

노파심에서 덧붙이면, 진화 심리학은 보수 또는 진보 어느 한쪽을 편드는 이데올로기가 아니다. 진화 심리학은 현상을 설명하는 과학이다. 범죄가 만연하고 질병과 스트레스가 넘치는 현실을 계속 유지할지 아니면 바꿀지는 결국엔 정치적인 결정이다. 만일 범죄를 줄이고 기대 수명을 늘리는 방향으로 나아가자고 모두가 합의했다면, 진화 심리학은 우선 무엇보다도 계층 간의 경제적 불평등을 줄이는 데 노력을 집중하라고 조언한다.

왜 십대는
위험한가

2013년 인천 전자랜드 엘리펀츠의 농구 선수 이현호 씨가 놀이터에서 담배를 피우고 오토바이 굉음까지 내는 중고생들을 훈계하다 머리를 때려 입건된 사건이 있었다. 이 씨는 학생들을 타일렀더니 "아저씨, 돈 많으면 때리든가."라는 비아냥에 그만 손이 올라갔다고 진술했다. 다 알다시피, 십대 청소년들은 술, 담배, 오토바이 폭주, 약물, 패싸움, 규칙 위반, 난잡한 성행위 등 위험한 행동에 쉽게 빠져든다. 이들은 욕을 입에 달고 다니고, 부모와 선생님에게 반항한다. 또래들 앞에서 허세를 부리고, 자기만의 세계에 빠진다. 오죽하면 북한이 남침하지 못하는 이유가 '중2가 무서워서'라고 하겠는가.

십대들의 위험한 행동은 비정상적인 가정 및 교육 환경이 초래한 부산물이라고 흔히 설명된다. 극빈 가정, 이혼이나 사별로 생긴 한 부모 가정, 비행을 저지르는 또래 친구들, 선생님의 무관심, 지나친 입시 경쟁처럼 문제가 있는 환경에서 자라난 아이들이 파괴적인 행동을 저지르게 된다는 것이다. 너무나 당연하게 들리는가? 좀 다르게 생각해 보자. 진화 역사를 통해서 십대의 위험한 행동이 자신을 포함한 모든 이들에게 오로지 해만 끼쳤다면, 과연 자연 선택에 의한 진화가 이를 걸러내지 않고서 그냥 내버려 두었을까? 요컨대, 위험한 행동은 십대에게 손실을 입히긴 하지만, 그보다 더 큰 진화적 이득을 주었기 때문에 자연 선택되었을 것이다.

먼저 청소년기가 어떤 시기인지 알아보자. 진화 심리학자 브루스 엘리스(Bruce Ellis)를 따르면, 청소년기는 번식 이전의 단계에서 번식 단계로 진입하는 인생의 대전환점이다. 어른들의 품에서 벗어나 자신의 정신적, 신체적 역량을 길러 사회적 지위를 높임으로써 결국 대망의(?) 짝짓기를 하게 될지 판가름 나는 분수령이다. 사춘기에 나타나는 급격한 변화들은 모두 번식을 위한 역량 강화에 초점이 맞추어져 있다. 이를테면, 이차 성징이 발달함으로써 이성에게 매력적으로 보이게 한다. 늦게 자고 늦게 일어남으로써 낭만적인 일들이 벌어지는 밤에 깨어 있게 한

다. 부모와 빈번하게 충돌함으로써 자립심을 높이고 가족보단 또래와 더 어울리게 한다. 늘 새롭고 자극적인 것들을 추구함으로써 또래 사이에 지위를 높여 준다.

청소년기는 짝짓기의 성패가 결정되는 일생일대의 갈림길임을 고려하면, 왜 십대들이 담배, 오토바이 폭주, 범죄 같은 무모하고 위험한 행동에 뛰어드는지 알 수 있다. 특히 십대 남성들 사이에서 높은 위치에 올라서려면, 내가 정말로 힘과 대담함, 배짱을 지니고 있음을 친구들에게 알려야 한다. 덩치 큰 농구 선수에게 겁 없이 대드는 것처럼, 큰 비용을 치러야 해서 아무나 따라 할 수 없는 '값비싼' 신호를 보내야만 비로소 친구들로부터 인정받을 수 있다. 최근의 연구들은 십대 남성들이 또래가 보는 앞에서는 더 난폭하게 운전하거나, 약물에 더 탐닉하는 경향이 있음을 발견하였다. 어른들이 볼 때는 이러한 경향이 나타나지 않았다.

십대의 위험한 행동이 또래에게 자기 역량을 과시하는 값비싼 신호로 기능한다는 인식은 일탈 예방에 실질적인 도움을 줄 수 있다. 예를 들어, 위험한 행동에 따르는 잠재적인 손실을 청소년들에게 열심히 교육하는 것은 오히려 그 행동을 한 번 해 보라고 부추기는 격이 될 수 있다. 한 연구에서는 흡연에 의한 건강상의 부작용을 청소년들에게 강조했으나 흡연 예방엔 별로 효과가 없었다. 반면에, 금연이 멋지고 폼 나고 요즘의 대세임을 강조했더니 흡연 예방에 효과적이었다. 무조건 아이들에게 매를 들기보다, 왜 아이들이 그렇게 행동하는가에 대한 이해를 바탕으로 그들을 긍정적으로 변화시키도록 노력하자.

왜 인권을
존중해야 할까

다음의 퀴즈를 풀어 보자. '이것'은 무엇인가?

- 플라톤과 아리스토텔레스는 '이것'이 문명사회에 필수적인 제도라고 주장했다.
- 구약과 신약 성서 모두 '이것'이 정당하다고 했다.
- '이것'은 인류 역사에서 거의 언제나 존재했다. 카타르에서는 1952년에야, 사우디아라비아에서는 1962년에야 비로소 사라졌다.

정답은, 노예제이다. 참고로 『성경』은 "노예는 주인의 재산"(「출애굽기」 21:21)이라 못 박고 있다. 자기 몸을 남이 소유한다는 것이 당사자에게 얼마나 큰 고통이 될지 헤아려 본다면, 노예제가 이토록 오랫동안 당연하게 받아들여졌다는 역사적 사실은 오늘날 우리를 당혹하게 한다. 미국의 흑인 노예 무역은 대표적인 예다. 16세기에서 19세기 사이 아프리카의 수많은 흑인이 노예 선에 실려 신대륙으로 '운반'되었다. 쇠사슬에 묶인 채 이송되는 과정에서 적어도 170만 명이 질병과 영양실조로 죽었다. 운 좋게 땅을 밟은 노예들도 강간당하거나, 매를 맞거나, 팔다리가 잘리거나, 가족과 생이별하거나, 즉결 처형되는 일이 일상사였다.

노예제는 빙산의 일각이다. 과거에는 무참히 인권이 짓밟히는 사례가 비일비재했다. 중세 유럽에서는 사소한 위반 행위, 이를테면 부모에게 말대꾸했다거나, 유언비어를 퍼뜨렸다거나, 동성애를 했거나, 안식일에 일했다는 죄목으로 숱한 사람들이 사형당했다. 기독교의 한 일파인 남프랑스의 순결파는 로마 교황에 의해 이단으로 지목되어 20만 명이 몰살당했다. 중세 시대에 마녀로 의심 받은 여인은 꽁꽁 묶여서 호수로 던져졌다. 만약 물에 떠올랐다면, 마녀임이 입증되었으므로 건져 내서 교수형에 처했다. 만약 물에 가라앉아 익사했다면, 마녀가 아님이 입증된 것이다. 물론 이미 죽은 마당에 결백이 밝혀졌다고 해서 무슨 소용이 있을까만 말이다.

암흑은 갑자기 사라졌다. 피부색, 종교, 성별, 이데올로기, 성적 지향 등이 다르다는 이유로 태연하게 사람을 매질하고, 고문하고, 감금하고, 학살하던 시대는 17~18세기 계몽사상이 대두하면서 대부분 자취를 감췄다. 어떻게 이러한 진보가 이루어졌을까? 진화 심리학자 스티븐 핑커는 『우리 본성의 선한 천사』에서 인권 혁명을 일으킨 요인으로 크게 두 가지를 꼽았다.

첫 번째는 인권에 대한 감수성이 자라났기 때문이다. 사람들은 점차 타인에게 공감하게 되었고, 타인의 고통을 외면하지 않게 되었다. 두 번째는 어느 명쾌한 논증에 대해 누구도 쉽사리 반박하기 어려웠기 때문이다. 만약 내가 너에게 날 함부로 대하지 말아 달라고 요구한다면, 똑같은 이유로 나도 너를 함부로 대해서는 안 된다. 이 둘을 자세히 살펴보자.

다른 사람의 마음으로 들어가기

남들에게 공감하는 능력은 우리 사회에서 벌어지는 많은 갈등을 해결해 줄 만능열쇠로 흔히 일컬어진다. 유감스럽게도, 우리는 누구에게나 무차별적으로 공감하지는 않는다. 어느 문화권에서나 사람들은 피를 나눈 혈연이나 친구에게 주로 공감하며 동정심을 느낀다. 처음 본 낯선 사람, 외국인, 다른 동물들에 대해서는 차가운 눈빛으로 수수방관하곤 한다. 동물권을 주창한 유명한 철학자 피터 싱어(Peter Singer)는 그의 저서 『확대하는 원(The expanding circle)』(번역서의 제목은 '사회 생물학과 윤리'이다.)에서 통시적인 관점에서 보면 사람들은 자기가 공감하는 대상의 범위를 꾸준히 확대해 왔다고 주장했다. 요컨대, 우리가 궁금한 질문은 이렇다. 왜 수천 년의 역사를 통해서 혈연과 친구만을 담았던 공감의 울타리가 18세기 후반에 들어서 갑자기 넓어졌을까?

핑커가 제시하는 대답은 책이다. 17세기부터 인쇄 기술이 발전하면서 책의 생산량이 급증했다. 이에 따라 성서 이외에도 대중 소설 등 다양한 주제의 책들을 집집이 소유할 수 있게 되었다. 값싼 책을 쉽게 구할 수 있게 되자 까막눈 신세를 탈출하여 글자를 읽고 쓸 줄 아는 사람들이 크게 늘었다.

더 많은 사람이 더 다양한 분야의 책을 읽게 된 것이 공감과 무슨 관계가 있단 말인가? 책은 타인의 삶을 경험하게 해 주기 때문이다. 책을 읽으면서 누군가 이렇게 느끼고 생각하는구나 하고 고개를 끄덕일 때, 나는 그 사람이 서 있는 위치에서 세상을 바라보는 것이다.

예를 들어, 미국의 노예 제도를 철폐시킨 원동력 중의 하나는 노예로 살아가는 삶이 어떤 것인지 생생하게 묘사한 소설이나 자서전이었다. 『에퀴아노의 흥미로운 이야기』는 11세 때 아프리카에서 납치된 흑인 노예가 남긴 자전적 여행기로 큰 인기를 끌었다. 가장 유명한 작품은 역시 스토우 부인이 쓴 『톰 아저씨의 오두막』이다. 흑인 노예 톰은 주인에게 모진 핍박을 받다가 결국 동료 노예를 때리라는 명령을 거부했다는 이유로 맞아 죽는다. 이 소설은 출간 즉시 대박 작품이 되었으며, 무려 30만 부나 팔려서 노예 폐지 운동의 기폭제가 되었다. 미국 내전이 한창 진행 중이던 1862년에 스토우 부인은 백악관을 방문했다. 키가 150센티미터도 안 되는 부인을 보고 링컨 대통령은 이렇게 말했다. "당신이 이 엄청난 전쟁을 일으킨 바로 그 작은 여성이군요."

타인의 시점에서 세상을 바라보는 경험은 곧 지금 타인이 어떤 심정일지, 어떠한 쾌락과 고통을 겪고 있을지 깨닫게 해 준다. 정치적 견해나 피부색, 성적 지향이 달라서 돌을 맞고 있는 소수자를 보면서 "원래 세상이 다 그렇지, 뭐." 하며 무심하게 그 자리를 지나치던 제삼자들이 "세상은 우리에게 항상 이런 식이었어."라며 분노하는 소수자의 마음속으로 들어가는 것이다.

인권 유린은 논리적으로 모순이다

유사 이래 일상적으로 행해지던 인권 유린이 근대에 들어 눈에 띄게 감소하게 된 또 다른 요인으로 계몽 시대 당시 사상 가들인 홉스, 스피노자, 흄, 로크, 데카르트, 칸트 등이 제시한 인본주의 사상을 들 수 있다. 종교의 교리, 전통, 인습 등에 얽매 이지 말고, 텅 빈 백지상태에서 오직 이성이 우리를 이끄는 바 에 따라 차분히 생각해 보라. 타인이 단지 나와 다르다고 해서 마음대로 그를 차별하고 학대해서는 안 된다는 결론에 이르게 될 것이다. 이 논증은 당시의 일반 대중을 설득하는 데 큰 효과 를 발휘했다.

논증은 언뜻 겉으로 보면 나와 많이 달라 보이는—성별, 피 부색, 문화, 종교, 정치적 견해 등에서—사람이라도 실은 나와 근본적으로 유사하다는 인식에서 출발한다. 외국인 노동자건, 동성애자건, 장애인이건, 여성이건, 일베충이건, 종북 좌파이건 간에 나와 본질적으로 같다는 것이다. 셰익스피어의 희곡『베니 스의 상인』에 등장하는 유대인 고리 대금업자 샤일록은 이렇게 말한다.

그래, 유대인은 눈이 없나? 유대인은 손이, 내장이, 육체가, 감

본성이 답이다

각이, 감정이, 열정이 없는 줄 아나? 같은 음식을 먹고, 같은 무기에 다치고, 같은 병에 걸리고, 같은 약에 낫고, 겨울엔 춥고 여름엔 더워. 어디가 예수쟁이들과 다르단 말인가? 바늘에 찔리면 우린 피가 안 난단 말인가? …… 해코지를 당해도 우린 보복하지 않는단 말인가?

이처럼 모든 사람이 공통적인 인간 본성을 지닌다는 관찰은 다른 사람들도 나와 똑같이 사고하고 느끼고 욕망하고 숨 쉬는 사람임을 알려 준다. 이는 좋은 소식이다. 내가 이성을 지녔듯이 당신도 이성을 지녔으므로, 나와 당신 간에 합리적인 대화가 가능하다는 뜻이기 때문이다. 예를 들어, 장난삼아 내 뒤통수를 때리는 짓은 하지 말아 달라고 내가 당신에게 부탁하는 상황을 상상해 보자. 당신이 내 부탁을 무게 있게 받아들이기를 바란다면, "단, 나는 예외인 거예요."라고 강짜를 부릴 수는 없다. 당신이 장난삼아 내 뒤통수를 때리는 짓은 안 되지만, 내가 장난삼아 당신 뒤통수를 때리는 짓은 괜찮다고 우기는 것은 논리적으로 모순이므로 합리적인 당신을 설득할 수 없다. 요컨대, 나는 쏙 빼놓고 다른 사람들에게만 적용되는 일반적인 행동 원칙을 주장할 수는 없다.

물론 오늘날에도 인권이 침해되는 사례는 계속 일어나고 있다. 하지만 적어도 인권 유린이 일상사였던 고대나 중세에 비하면 18세기 후반에 들어서 커다란 진보가 이루어졌다. 이러한 진전이 다른 사람의 고통에 공감하고 연민을 느끼는 감성적인 측면, 그리고 나에게는 적용되지 않는 일반적인 행동 원리를 남들에게만 강요하는 것은 모순임을 파악하는 이성적인 측면의 두 갈래에서 이루어졌다는 핑커의 통찰은 우리 사회에도 적지 않은 울림을 준다.

진심 어린 사과

걸그룹 크레용팝이 한 극우 인터넷 사이트와 연관되었다는 의혹에 해명하며 "돼지 눈에는 돼지만 보이고 부처 눈에는 부처만 보인다."라고 언급해 논란을 더욱 부채질했다. 야당과 시민 단체는 국정원 대선 개입에 대한 박근혜 대통령의 진정성 있는 사과를 요구했다. 윤창중 전 대변인 사건 때 박 대통령은 국민들에게 직접 사과하지 않고 청와대 수석 비서관 회의에서 사과해 진정성 논란이 불거진 바 있다.

잘만 하기만 하면, 사과는 피해자의 복수심을 가라앉히고 용서를 이끌어 내기에 효과적이다. 피해자가 복수를 접기 위한 선결 조건은 가해자가 자신을 또 때리진 않으리라는 확실한 보장이다. 가해자가 또 때릴지도 모르는데 피해자가 먼저 무기를 내려놓을 수는 없는 노릇이다. 뒤집어 말하면, 사과의 핵심은 나는 더는 상대를 때릴 의도가 없음을 상대에게 분명히 전달하는 것이다. 좋은 사과는 나의 책임을 인정하고, 어떻게 그런 일이 일어났는지 설명하고, 상대의 아픔에 공감하고, 피해를 보상해 주고, 다신 이런 일이 없으리라고 다짐하는 사과다. "본의 아니게 상처를 줘서 유감이다."라는 사과는 앞으로 또 본의 아니게 해를 끼칠지 모르겠다고 약 올리는 나쁜 사과다.

문제는 사과가 말잔치로 끝나기 쉽다는 점이다. 심금을 울리는 사과 성명이나 반성문이 알고 보니 난처한 상황을 모면하고자 맘에도 없이 쓴 글인 경우는 부지기수다. 다행히 우리는 말뿐인 사과와 진심이 담긴 사과를 구별하는 법을 진화시켰다. 여기 잘못을 깊게 뉘우치고 새로 태어난 가해자가 있다고 가정하자. 피해자가 가해자를 용서하려면 가해자의 마음속으로 들어가 과연 자신을 또 해치려는 의도가 깨끗이 삭제되었는지 확인할 필요가 있다고 했다. 피해자를 해칠 의도가 정말로 사라졌음을 가해자는 어떻게 알릴까? 마음이 버선목이 아니니 뒤집어 보여 줄 수도 없다.

어떤 신호를 믿을 수 있게 하려면 그 신호를 만드는 데 높은 비용이 들게 하라. 진화 생물학의 주요한 원리다. 즉, 말로만 때

우려는 사람은 차마 엄두도 못 낼 만큼 비싼 신호를 가해자가 낸다면 상처 받은 피해자는 가해자가 새로 태어났음을 안심하고 믿을 수 있다. 바로 자기를 낮추는 행동을 하는 것이다. 영장류에서 하급자가 상급자를 달랠 때는 몸을 쭈그리며 앉고, 눈을 내리깔고, 취약한 신체 부분을 보여 준다. 자신의 몸을 문자 그대로 작고 약하게 만들어서 "나는 네 밑이야. 도전하지 않을 테니 걱정하지 마."라는 신호를 보내는 것이다. 인간 사회에서도 가해자가 피해자에게 용서를 구할 때는 굽실거리거나, 머리를 조아리거나, 무릎을 꿇는 행동을 한다. 자신을 낮추고 작게 함으로써 피해자의 지위를 원상태로 회복시키는 것이다.

자신을 낮추는 행동을 할 때 내 뜻대로 움직일 수 없는 신체 기관들이 동원되면 더욱 효과적이다. 이를테면 혈액 순환이나 눈물샘의 활동은 자율 신경계가 관장하므로 우리 뜻과 상관없이 이루어진다. 그래서 무덤덤하고 굳은 얼굴로 사과하는 것은 꾸며 낼 수 있지만, 뺨이 붉어지고, 눈물을 흘리고, 말까지 더듬는 얼굴로 사과하는 것은 꾸며 낼 수 없다. 의지와 상관없이, 진정으로 참회한 사람만 경험하는 생리적 변화를 가해자에게서 본 피해자는 마음속 응어리가 풀리기 시작한다.●

말뿐인 사과를 하면 진정성이 없다고 비난 받고, 진심 어린 사과를 하자면 자기를 낮추어야 한다. 사람들이 사과를 잘 안 하려 드는 건 어찌 보면 당연하다. 그러나 사과는 피해자가 가해자를 진정으로 용서하고 서로 협력하는 대등한 동반자 관계를 회복하는 첩경이다. 국민 통합에 앞장서야 할 대통령이 주저할 이유가 없다.

● 상대에 대한 복수 혹은 용서를 다룬 진화 심리학 저서로 마이클 맥컬러프의 『복수의 심리학』이 있다. 원제목이 "복수를 넘어서: 용서 본능의 진화(Beyond Revenge: the evolution of forgiving instinct)"인 것에서 알 수 있듯이, 이 책은 복수뿐만 아니라 용서에 대해서도 상세히 분석하고 있다.

복수는
달콤하다

혼수상태에서 4년 만에 깨어난 한 여인의 잔혹한 복수극을 담은 타란티노 감독의 영화 「킬 빌」의 첫머리에 나오는 자막은 이렇다. "복수는 차갑게 식혀 먹어야 가장 맛있는 음식이다." 저녁 파티에 쓸 치즈케이크를 냉장고에 넣으면서 미소를 짓는 모습이 왠지 연상되는 경구다. 19세기 영국의 낭만파 시인 조지 고든 바이런(George Gordon Byron)도 "복수는 달콤하다."고 했다. 복수심은 남에게 당한 손실을 고스란히 되갚아 주라고 우리의 등을 떠민다. 그리고 보복은 보복을 불러 결국엔 모두 멸망하게 된다. 왜 이렇게 파괴적인 충동이 종종 우리에게 짜릿한 쾌감을 선사하는 걸까? 복수가 굳이 달콤해야 할 까닭은 무엇일까?

복수의 모든 단계가 처음부터 끝까지 마냥 새콤달콤하지는 않다. 누군가 나에게 의도적으로 꿀밤을 한 대 먹였다고 하자. 이때 우리의 뇌에선 괴로움, 분노, 혐오를 담당하는 부위가 활성화되며 상대에게 즉시 반격하게 된다. 누구나 알다시피, 이 단계는 전혀 즐겁지 않다. 짜증과 화만 솟구쳐 오를 뿐이다. 하지만 잊지 마시라. 복수는 뜨거울 때 먹으면 맛이 없는 음식이다.

시간이 지남에 따라, 상대의 도발에 바로 맞받아치는 분노 표출 단계는 원수를 갚는다는 목표를 꾸준히 추구하는 단계로 이행한다. 이때 우리의 뇌에서는 초콜릿, 마약, 혹은 로또 1등을 상상할 때 쾌감을 얻게 해 주는 부위가 새로이 활성화되어 쾌감을 맛보게 된다. 복수를 계획, 실행하는 과정에서 마지막에 마침내 원수를 갚은 상황을 마음속으로 그리는 것만으로도 쾌감을 얻는다는 사실이 중요하다. 그래야 어떤 어려움에도 굴하지 않고 오직 복수라는 목표를 향해 나아갈 수 있기 때문이다. 시원한 콜라를 마음껏 들이켜는 모습을 상상하면 고된 유격 훈련을 쉽게 견딜 수 있는 것과 같다.

이제 왜 우리가 이토록 복수에 집착하게끔 진화했는지 알아보자. 오늘 저녁도 복수를 주제로 하는 드라마들이 복수를 달콤하게 여기는 시청자들을 유혹하려 애쓸 테지만, 냉정하게 생각하면 복수는 헛되고 무익하다. 엎질러진 우유는 다시 주워 담을 수 없다. 가족을 죽인 원수를 기어이 살해한다고 해서 고인이 살아 돌아오진 않는다. 보복의 악순환에 빠져 공멸할 뿐이다. 진화 심리학자 마틴 데일리와 마고 윌슨은 복수심은 상대방의 공격을 사전에 억제한다는 뚜렷한 기능을 수행하고자 진화했다고 주장했다. 나를 두 번 다시 건드리지 않게 하려면, 상대로 하여금 앞으로 그 어떠한 도발도 털끝만 한 이득조차 가져다주지 못할 것임을 똑똑히 각인시켜야만 한다. 눈에는 눈, 이에는 이로 빚진 만큼 똑같이 되갚아 줘서 상대방의 순이익이 언제나 0이 되게 해야 한다. 복수심이 상대의 선제공격을 미리 억제하기 위해 대단히 소모적으로, 때론 자신까지 파멸로 이끌게끔 진화했다는 이 설명은 진화 게임 이론가들이 행한 수많은 컴퓨터 시뮬레이션 결과로 뒷받침되었다.

복수심이 자연 선택에 의해 만들어진 적응이라고 해서 도덕적으로 정당화되는 것은 결코 아니다. 오늘날 사적 처벌은 엄격히 금지된다. 국가가 범죄자에 대한 처벌을 독점하는 문명사회는 무자비한 복수가 난무했던, 우리가 진화했던 과거 환경보다훨씬 더 평화롭고 안정된 사회다. 그러나 정의의 실현을 국가에맡기게 되면서 종종 우리는 잔혹한 범죄의 피해자들이 복수에대한 갈망에 사로잡힌다는 당연한 사실마저 무시하곤 한다. 사

적 처벌은 물론 금지해야 하지만, 복수심에 몸부림치는 피해자들의 눈물을 닦아 주기 위한 노력은 오히려 적극 장려해야 한다. 복수라는 파괴적인 충동은 비정상적인 질병이 아니라 누구나 겪을 수 있는 인간 본성의 일부이기 때문이다.

왜 학교 폭력이
일어나는가

2011년 같은 반 친구 두 명에게 계속 시달렸던 대구의 한 중학생이 아파트 창문에서 몸을 던졌다. 이후 학교 폭력 근절은 일자리나 물가 등을 제치고 국정의 최우선 과제로 선포되었다. 박근혜 당선인도 국민을 불안하게 하는 4대 악의 하나로 학교 폭력을 꼽으며 반드시 척결하겠다 약속했다.

이게 다 이명박 정부 탓이라고 분노할 사람도 있겠지만, 실상은 그렇진 않다. 학교 폭력이 최근 들어 우리나라에서만 급증한 것은 아니다. 청소년들 사이에 강자가 약자를 지속적으로 해코지하는 행동은 시대와 장소를 막론하고 모든 사회에서 관찰된다. 수렵 채집 생활을 하는 북극의 에스키모족이나 아마존의 야노마미족에서도 아이들은 또래를 괴롭힌다. 고대 중국과 그리스, 중세 유럽에서도 학교 폭력은 흔했다.

학교 폭력을 어떻게 정의하느냐에 따라 다르지만, 연구자들은 매년 전 세계 청소년들의 10퍼센트에서 60퍼센트가 학교 폭력에 시달린다고 추정한다. 무려 1억 명에서 6억 명의 청소년에 해당한다. "아이들은 싸우면서 큰다."는 말이 있듯이, 나이 지긋하신 분들은 예전에는 학교 폭력이 지금보다 오히려 더 심했음에 동의할 것이다. 명랑 만화의 주인공들은 종종 친구에게 얻어맞아 주먹만 한 혹이 머리 위에 불쑥 솟아난 모습으로 그려졌다.

학교 폭력이 모든 사회에서 빈번하게 나타난다는 사실은 그것이 성장 과정에서 문제가 있었던 아이들만이 저지르는 예외적인 병리 현상이라는 기존의 설명에 물음표를 던진다. 학교 폭력은 자연 선택에 의해 진화한 적응이다. 다른 영장류의 새끼들처럼, 아이들은 또래 집단 내에서 자신의 힘, 지능, 운동 능력, 용감함 등을 친구들에게 과시함으로써 높은 지위를 차지하고자 한다. 우열 순위의 사다리를 오르기 위해, 어떤 아이들은 자신보다 명백히 약한 친구를 골라서 매일 되풀이해서 괴롭히는 방안을 택한다. 학교 폭력은 가해 학생이 피해 학생을 끈덕지게 괴롭힐 만큼 강하고 억센 사람임을 널리 광고하여 결국 또래 집단 내에서 가해 학생의 지위를 높여 주는 기능을 한다.

가해 학생들이 타인과 공감하는 능력이 떨어지는 등 정신적으로 문제가 많은 학생일 것이라는 선입견과 달리, 실제로 여러 연구는 진화적 설명을 뒷받침한다. 가해 학생들은 대개 정신적으로나 신체적으로 아주 건강하며, 피해 학생들보다 키도 크고 힘도 세며, 반 친구들이나 교사 사이에 인기도 많다는 사실이 밝혀졌다.

이렇게 본다면, 가해 학생들이 왜 학교 폭력을 행사하는가에 대한 궁극적인 이해 없이 가해 학생들에 대한 일벌백계만 강조하는 것은 효과적인 예방책이 되기 어려움을 알 수 있다. 가해 학생들이 학교 폭력을 통해 얻을 수 있는 잠재적인 이득은 그대로 놔둔 채 "들키면 크게 혼난다."고 엄포를 놓는 격이기 때문이다. 어른들이 눈치 채지 못하게, 더 교묘하게 친구를 괴롭히는 학생만 더 늘기 십상이다.

학교 폭력 예방을 위한 대책 마련에 진화적인 관점이 어떻게 활용될 수 있을까? 위에서 말했듯이, 자신의 지위를 높이고자 어떤 학생들은 학교 폭력이라는 파괴적인 경로를 택한다. 따라서 가정과 학교는 학생들이 같은 목표를 보다 건설적으로 달성하게 해 주는 대안 경로를 택하게끔 유도할 필요가 있다. 예를 들어, 학교에서 남학생들끼리 경쟁적인 스포츠를 즐길 여건을 충분히 제공해 준다고 하자. 많은 남학생이 또래에 대한 폭력보다는 경쟁적인 스포츠 활동에서 자신의 힘과 운동 능력, 용감함을 친구들에게 과시하여 자신의 사회적 지위를 건설적인 방식으로 높이는 길을 택할 것이다. 4대 사회악의 하나를 척결하는 데도 진화 이론에 바탕한 통섭적 접근이 필요하다.

본성이 답이다

순수한 악은
없다

2013년 대구에서 한 여대생이 성폭행을 시도하던 26세 남성에게 살해되어 사체가 저수지에 유기된 사건이 발생했다. 범인은 피해자의 윗니를 서너 개 부러뜨리는 등 온몸을 심하게 때려 결국 장기 손상으로 사망케 했다. 그는 피해자를 만났던 클럽을 태연하게 다시 찾아 또 새벽까지 술을 마시다 경찰에 검거되었다. 그야말로 전형적인 악인이 아닐까.

전형적인 악인은 종교, 동화, 민담, 공포 영화, 무협지, 슈퍼 히어로 만화에서 단골로 등장하는 이들이다. 이를테면 사탄, 루시퍼, 드라큘라 백작, 한니발 렉터, 조커, 아수라 백작, 다스 베이더다. 그들은 검은 옷을 즐겨 입고, 구레나룻을 손가락으로 배배 꼬고, 선량한 사람들에게 해를 끼치려는 계획을 세우는 것만으로도 신이 나서 낄낄댄다. 종종 돈과 권력을 밝히긴 하지만, 진정으로 추구하는 목표는 죄 없는 피해자들을 아무 이유 없이 괴롭히고 세상을 혼란에 빠뜨리는 것이다.

유감스럽게도, 현실 세계에서 악행을 저지르는 악인은 허구의 세계를 휘젓는 악인과 한참 거리가 멀다. 사회 심리학자 로이 바우마이스터(Roy F. Baumeister)는 그의 저서 『악』(국내 미번역)에서 순수한 악은 신화에 불과하며, 현실 세계의 악인은 대개 정상적이고 평범한 사람들임을 보였다. 현실의 악인들은 자기가 처한 어려운 상황에서 어쩔 수 없이 그렇게 행동했을 뿐이며, 결코 나쁜 일을 한 적이 없다고 스스로 굳게 믿는다. 바우마이스터의 이론은 아프게 다가온다. 수많은 유대인을 학살한 히틀러, 광주 민주화 항쟁을 유혈 진압한 전두환, 대구 여대생을 살해한 범인은 피도 눈물도 없는 악마가 아니라 자기가 보기엔 필요하거나, 심지어 올바른 일을 행한 보통 사람들임을 일깨워 주기 때문이다.

피해자는 가해자가 남을 괴롭히는 데서 기쁨을 얻는 미치광이라고 몰아세운다. 반면에 가해자는 피해자에게 작은 손실을 끼쳤을 따름이며 누구라도 그 상황에서라면 마찬가지로 행동했을 것이라 항변한다. 두 사람 가운데 어느 쪽이 진실을 말하고 있을까? 바우마이스터는 한 대학생이 친구가 듣는 수업의 보고서 작성을 도와준다 약속하고서 차일피일 미루는 바람에 결국 친구가 최저 학점을 그 수업에서 받게 된 과정을 상세히 담은 이야기를 사람들에게 읽도록 했다. 첫째 집단은 가해자가 되었다고 상상한 후 가해자의 시점에서 그 이야기를 상기해서 백지에 다시 썼다. 둘째 집단은 피해자의 시점에서, 셋째 집단은 3인칭 관찰자의 시점에서 사건을 회상하여 썼다.

실험 결과는 사뭇 놀라웠다. 객관적인 제삼자의 기억에 비하여, 가해자와 피해자의 시점에서 사건을 돌아본 사람들은 모두 자신에게 유리한 부분은 상세히 나열하고 불리한 부분은 줄이거나 아예 생략하는 식으로 사건을 왜곡하여 기억했다. 악행이 일어났을 때 가해자와 피해자는 모두 자신의 너그러움과 믿음직함을 다른 이들에게 열심히 광고하여 평판을 높이게끔 자연선택에 의해 진화하였다. 진실은 가해자의 관점에도, 피해자의 관점에도 없다. 진실은 두 관점 사이 어딘가에 있다.

순수한 악은 현실 세계엔 없다는 통찰은 종종 우리가 피해자의 처지에서 가해자를 비난할 때 부지불식간에 가해자를 악마로 만들기에 급급할 뿐, 왜 그가 그런 악을 저질렀는가에 대한 냉철한 분석에는 눈 감기 쉽다는 점을 일깨운다. 사실, 일본

군 위안부 문제처럼 극악한 범죄에는 설명을 시도하는 것조차 불경스럽게 여겨진다. 일제는 그냥 순수한 악이었으며, 다른 그 어떤 설명도 일제의 만행을 정당화하려는 수작일 뿐이라며 사람들은 흥분한다. 한 사건을 두고서도 가해자와 피해자 모두 자신에게 유리한 것만 보여 주는 색안경을 착용하고 있다는 깨달음은 지금 일어나고 있는 수많은 사회적 갈등을 성숙하게 해결하는 실마리가 될 것이다.

본성이 답이다

모성은 무조건
생기지 않는다

지난 7일 밤, 강릉의 한 도로변 음식물 쓰레기통에서 이상한 소리가 들렸다. 아기 울음소리였다. 신고를 받고 출동한 경찰이 검은 비닐봉지에 담긴 신생아를 구조했다. 한 미혼모(23세)가 자기 집 화장실에서 혼자 아기를 낳은 뒤 쓰레기통에 버렸음이 밝혀졌다. 영아 유기는 우리 사회에서 생각보다 자주 일어난다. 2013년에는 225건이었다. 이틀마다 한 명 이상의 갓난아기가 버려지는 셈이다. 2015년 5월에는 한 30대 여성이 출산한 아기를 살해하고 시신을 택배로 친정집에 보낸 일도 있었다.

영아 유기 및 살해는 유독 '헬조선'에서만 나타나는 몹쓸 질병이 아니다. 인류학자들은 영아 살해가 원시적인 수렵-채집 사회에서 발전한 문명사회까지 언제 어디서나 있었다고 기록했다.

역사적으로 신생아의 10~15퍼센트는 태어나자마자 살해되었다. 주몽, 박혁거세, 석탈해, 모세, 오이디푸스, 로물루스와 레무스는 모두 비바람, 굶주림, 맹수의 위험 앞에 속수무책으로 버려진 아기들이었다.

왜 어떤 어머니들은 자신이 낳은 아기를 내다 버리거나 죽이는 걸까? '정상적인' 어머니는 아기를 낳자마자 모성 본능에 따라 아기에게 무한한 애정을 쏟으리라고 흔히들 믿는다. 제 자식을 자발적으로 죽이는 어머니는 비정상적인 미치광이라는 것이다. 본능적인 모성애를 강조하는 이러한 시각은, 놀랍게도, 자연 선택에 의한 진화 이론과 크게 어긋난다.

어머니가 모든 자식을 똑같이 애지중지하게끔 설계될 이유는 없다. 자연 선택은 개체가 평생 낳은 자식 수, 그중에서도 어른으로 무사히 자라나는 자식 수를 늘리는 방향으로 작동한다. 그러므로 방금 낳은 아기가 어엿한 어른으로 자랄 가능성이 애초에 희박하다면, 산모는 공연히 헛수고하기보다는 미래의 자식을 기약하며 자원을 아끼게끔 설계될 것이다. 받은 패가 불리하면 깔끔하게 포기하고 다음 판을 노리는 게 상책이다.

어머니가 갓난아기에 대한 투자를 꺼리게 만드는 요인은 크게 두 가지다. 첫째, 아기가 기형이거나 심각한 병을 앓고 있을 때다. 이 경우 아무리 많은 자원을 투자하더라도 밑 빠진 독에 물 붓기가 되기 쉽다. 둘째, 먼저 태어난 자식들이 있거나, 경제적으로 어렵거나, 아기 아버지나 친척의 도움이 없을 때다. 독은 멀쩡하지만, 그 안에 채워 넣을 물이 바닥난 경우다. 산모가 젊다면 훗날 찾아올지도 모르는 좋은 기회를 더 많이 포기하는 격이므로, 산모의 젊은 나이도 여기에 해당한다.

진화 심리학자 마틴 데일리와 마고 윌슨은 저서 『살인』에서 인류학자들이 모아 놓은 민족지 표본들을 비교 조사했다. 기록된 영아 살해 112건 가운데 97건이 이론적 예측과 맞아떨어졌다. 기형이거나 심하게 병든 아기는 악령의 자손으로 여겨져 살해되었다. 부모가 돌봐야 할 손위 형제들이 이미 너무 많거나, 어떤 남성도 아버지임을 인정하지 않거나, 어머니가 젊은 아기가 살해되었다. 두 과학자는 1974년부터 1983년까지 캐나다에서 발생한 141건의 영아 살해 사건도 조사했다. 산모가 10대일 때 아기를 죽일 가능성이 가장 컸고, 20대를 거쳐 30대로 접어들면서 줄어들었다. 각각의 연령대에서, 아이의 아버지 없이 홀로 무거운 짐을 짊어져야 하는 미혼 여성은 기혼 여성보다 영아를 살해할 가능성이 더 컸다.

"자기 아기를 죽이는 여자라면 틀림없이 정신이 나갔을 거야." 사람들은 흔히 이렇게 믿는다. 영아 살해는 정신 병리에 따르는 극히 예외적인 현상이라는 것이다. 그러나 영아 살해가 이토록 보편적이고 예측할 수 있게 나타난다는 사실은 이것이 무의미한 골칫덩이가 아님을 보여 준다. 인간은 다른 어느 동물보다도 새끼에게 더 많은 시간과 자원을 투자하는 종이다. 신생아를 낳았을 때 아기의 자질과 주위의 상황을 신중하게 저울질한 다음에 아기에게 얼마나 투자할지 결정하는 부모의 심리가 진화하지 않았다면, 그것이야말로 이상한 일이다. 투자 결정의 한쪽 끝에는 온종일 아기를 안고 다니며 금이야 옥이야 돌보는 완벽한 헌신이 있다. 반대쪽 끝에는 아기를 길거리나 화장실에 버려서 투자를 멈추는 유기가 있다. 어머니가 아기를 버리지조차 못하는 상황에 부닥쳤을 때 영아 살해가 일어난다.

산모가 출산하자마자 갓난아기와 끈끈한 유대감을 자동으로 맺는다는 발상은 큰 착각이다. 고대 그리스의 철학자 플루타르코스는 "막 태어난 아기만큼 무력하고, 흐늘흐늘하고, 불결한 것은 또 없다."고 지적했거니와, 신생아를 처음 보자마자 부모의 자애심이 분출하진 않는다. 대다수 여성이 출산 직후 겪는 가벼운 우울감은 육아라는 막중한 부담을 과연 짊어질 것인지 정확히 판단하게 도와준다. 많은 여성은 며칠 지나고 우울감이 가신

본성이 답이다

뒤에야 비로소 아기와 사랑에 빠졌다고 말한다.

요컨대, 모성애는 모든 어머니에게 무조건 똑같이 주어지는 필수품이 아니다. 산모가 현재 처한 환경에 맞추어 유연하게 주어지는 옵션이다. 절박한 궁지에 내몰려 아기를 버리는 산모가 적어지게끔 정부는 경제적 재분배에 보다 신경 쓸 필요가 있다.

계부모는 자식을
더 학대하는가

부모의 학대로 아이가 사망한 사건들이 잇달아 드러나고 있다. 2015년 말부터 정부가 장기 결석 및 미취학 아동에 대한 전수조사를 실시한 여파다. 2016년에만 벌써 6건이 보고되었다. 이 중 4건에서 계부 또는 계모가 가해자였다. 최근 평택의 한 가정에서 친부와 계모가 7살 아들을 욕실에 가두고 락스와 찬물을 뿌리는 등 학대해 결국 죽게 만든 사건은 많은 사람들의 분노를 일으켰다. 콩쥐 팥쥐, 장화 홍련, 신데렐라 등의 고전 동화에서 자주 묘사되듯이, 계부모가 친부모보다 아이를 학대할 가능성이 정말로 더 높은 걸까?

계부모를 악마로 여기는 사회적 편견이 이처럼 불순한 추측을 낳는다는 주장을 우리는 흔히 접한다. 이렇게 주장하는 사람들은 실제로 아동 학대 사건을 분석해 보면 계부모보다 오히려 친부모가 아이를 더 학대함을 알 수 있다고 강조한다. 보건복지부 산하 중앙 아동 보호 전문 기관이 공개한 자료를 보자. 2015년 일어난 아동 학대 사건 1만 1709건 중에 친부모가 저지른 사건은 8841건(76퍼센트)나 되었지만 계부모가 저지른 사건은 겨우 474건(4퍼센트)이었다. 국내의 많은 언론이 이 자료를 인용하면서 계부모가 아동을 더 학대하리라는 추측은 따라서 근거가 없다고 보도했다.

그런데, 조금 이상하다. 친부모에게 학대당한 아이들의 수를 계부모에게 학대당한 아이들의 수와 단순 비교하다니 말이다. 여기서 유의할 점이 있다. 두 부모 중 하나가 계부모인 아이들은 두 부모 모두 친부모인 아이들보다 '훨씬' 더 드물다는 것이다. 그러므로 계부모가 있는 가정의 아이들 중에 학대를 당한 아이들의 빈도를 양친이 모두 친부모인 가정의 아이들 중에 학대를 당한 아이들의 빈도와 비교해야 맞다. 과연 계부모는 친부모와 다를까?

이론적으로, 계부모는 친부모와 다르리라고 예상된다. 『신데렐라의 진실』을 쓴 진화 심리학자 마틴 데일리와 마고 윌슨은 부모가 자신의 유전적 자식이 아닌 아이에 대해서는 투자를 적게 하게끔 진화했으리라고 제안했다. 부모가 자녀에게 쏟는 시간, 돈, 에너지, 보살핌 등은 대단히 귀중한 자원이므로, 이를 남의 자식이 분명한 아이에게 헛되이 낭비하지 않는 심리가 자연 선택되었을 것이다. 내 새끼가 가장 예뻐 보이는 부모의 심리적 적응에 따른 부산물로, 계부모 가정에서는 자녀가 학대를 당하거나 심지어 죽을 확률이 친부모 가정보다 높으리라고 예측된다.

계부모가 의붓자식을 진심으로 사랑하는 심리가 어느 정도는 진화할 수 있다. 내 자식에 대한 투자가 아니라, 배우자와 생산적인 혼인 관계를 유지하기 위한 노력의 일환으로써 의붓자식을 돌보는 행동도 분명 진화했다. 실제로 대다수 계부모들은 의붓자식과 별 문제 없이 원만하게 지낸다. 그럼에도, 피를 나눈 친자식에 비하면 의붓자식은 멀게 느껴지기 마련이다. 아내와 남편이 함께 확보한 자원으로 의붓자식을 어디까지 뒷받침해 줘야 하는가라는 문제가 재혼 가정에서 불화를 일으키는 주된 원인임은 잘 알려져 있다.

데일리와 윌슨은 경찰청의 도움을 받아 캐나다에서 일어난 영아 살해 사건들을 광범위하게 검토했다. 예컨대, 1974년부터 1990년 사이에 캐나다에서 친부모 가정에서 자란 5세 이하의 아이들 100만 명 가운데 친부에게 살해당한 아이는 2.6명이었다. 계부모 가정에 자란 아이들 100만 명 가운데 계부에게 살해당한 아이는 321.6명이었다. 즉, 죽을 확률이 무려 120배나 더 높았다!

앞서 이야기했듯이, 절대 숫자를 단순 비교하는 것은 무의미하다. 이 자료에서는 친부모 가정에서 자란 아이 2830만 명 중에 74명이 친부에게 살해당했고, 계부모 가정의 아이 17만 명 중에 55명이 계부에게 살해당했다. 74명은 55명보다 더 많으니 친부가 계부보다 더 위험한가? 그렇지 않다는 말이다.

데일리와 윌슨의 선구적인 연구 이래, 미국, 영국, 호주, 스웨덴에서도 사법 기록을 조사한 후속 연구들이 이루어졌다. 이들 나라에서도 의붓자식은 친자식보다 학대를 당하거나 심지어 사망할 확률이 수십 배에서 100여 배 더 높았다. 한국, 핀란드, 미국에서 아동 학대의 피해자들을 직접 면담한 연구에서도 계부모는 친부모보다 자식을 더 학대하는 것으로 나타났다.

부모가 자녀를 학대하게 만드는 진짜 원인은 따로 있고, 계부모 관계는 이 원인과 짝을 지어 함께 다니기 때문에 마치 계부모가 아동 학대의 주된 원인인 것처럼 보일 뿐이라는 반론을 할 수 있다. 예컨대, 가난이 주는 스트레스가 자식도 학대하게 만들고 이혼과 재혼도 빈번하게 할지도 모른다. 실제로 검증했

본성이 답이다

더니 이 가능성은 기각되었다. 즉, 빈곤층이라고 특별히 더 계부모 가정이 많이 있지는 않았다. 폭력적인 남성은 이혼과 재혼을 자주 하기 때문에 계부가 될 가능성도 높아서 그렇다는 반론도 마찬가지로 기각되었다. 폭력적인 계부라도 대개 자신의 친자식만큼은 몹시 아꼈다.

요약하자. 부모 중 한 명이 계부모인지 아닌지는 아동 학대를 일으키는 강력한 위험 요인임이 수많은 증거를 통해 입증되었다. 이는 대다수의 선량한 계부모들을 잠재적인 아동 학대 가해자로 낙인찍기 위함이 아니다. 폭력 범죄는 젊은 남성이 압도적으로 많이 저지르지만, 그렇다고 해서 모든 젊은 남성들을 잠재적인 범죄자로 취급하면 안 된다. 개인을 그 개인이 속한 집단의 평균으로 마음대로 재단하는 것은 엄연한 폭력이기 때문이다. 끔찍한 아동 학대라는 사회 현상을 줄이고자 한다면 먼저 그 현상이 왜 일어나는가에 대한 냉철한 과학적 탐구가 이루어져야 한다.

3

협력의 문제

오래된 마음과
여성 대통령

2012년 18대 대선 국면에서 새누리당이 강조했듯이, 현대에 들어 국가나 기업을 이끄는 최고위직에 올라선 여성들이 점차 늘고 있다. 메르켈 독일 총리나 할로넨 전 핀란드 대통령이 대표적이다. 그러나 남성 지도자가 여전히 압도적으로 많은 것도 사실이다. 2008년에 전 세계 최고 지도자들의 성별을 조사한 결과, 겨우 7퍼센트만이 여성이었다. 같은 해에 경제 전문지 「포춘」이 선정한 세계 500대 기업 중에 최고 경영자가 여성인 기업은 2퍼센트에 불과했다.

물론, 남성 지도자가 더 많다는 사실이 남성이 여성보다 항상 더 '좋은' 지도자임을 뜻하지는 않는다. '좋은' 지도자란 구성원들 간의 내부 갈등을 매끄럽게 조정하는 한편, 재난이나 타

집단의 침략 같은 외부의 위협에 집단이 잘 대처하게 하는 지도자이다. 진화적인 관점에서 보면, 우리는 지도자감을 고를 때 누군가 지도자의 이런 바람직한 자질을 지녔음을 알려 주는 단서들에 끌리게끔 진화하였다. 국가의 최고 지도자라면 키가 크고, 건강하고, 나이 들고, 결단력 있고, 너그럽고, 외모도 좋고, 공정한 인물을 흔히 떠올리는 것은 이 때문이다. 그 누구도 아둔하고, 신경질적이고, 무책임한 십대 청소년을 대통령으로 연상하지는 않는다.

대통령 후보의 성별은 유권자의 마음을 어떻게 움직일까? 언뜻 생각하면 유권자가 선호하는 성은 남성 아니면 여성, 둘 중 하나일 것 같다. 모두 틀렸다. 정답은 "상황에 따라 다르다."이다. 진화론이라면 덮어놓고 유전적 숙명론의 올가미를 씌우는 세간의 눈초리와 달리, 진화적 관점은 우리가 어떠한 환경적 요소에 반응해 신축적으로 행동하게끔 자연 선택을 통해 잘 다듬어졌는지 알려 준다.

네덜란드의 진화 심리학자 마크 판 퓌흐트(Mark van Vugt)는 저서 『빅맨』에서 다음 가설을 내놓았다. 사람들은 풍족한 자원의 배분을 둘러싼 집단 내 갈등이 심할 때에는 여성 지도자를 더 선호하지만, 세계 경제가 불황이거나 전쟁 때처럼 집단 간 경

쟁이 심할 때에는 남성 지도자를 더 선호할 것이다. 이 가설은 남녀 심리의 진화적 차이에서 근거한다. 수백 만 년의 진화 역사를 통해서 여성은 다른 사람들과 힘을 합쳐 자녀를 성공적으로 길러 내는 것이 중요했기 때문에 남성보다 타인과 공감하고 배려, 소통하는 능력이 뛰어나게 되었다. 반면에 남성은 짝짓기 기회를 되도록 늘리는 것이 중요했기 때문에 다른 집단과의 전투나 자연 재해 같은 위협이 닥쳤을 때 두려움 없이 자신을 내던지게 되었다.

요컨대, 집단 사이의 경쟁이 치열해서 구성원 전체의 안위가 경각에 달린 상황일수록 강인하고 결단력 있는 남성 지도자가 선호될 것이다. 반면에 자원은 이미 풍족한 상태이고 집단 구성원들 간의 화목한 관계 유지와 갈등 조정이 더 중요한 상황일수록 세심하고 배려심 깊은 여성 지도자가 더 선호될 것이다. 판 퓌흐트는 실험을 통해서 사람들이 과연 예측대로 행동함을 입증했다. 또 다른 연구진이 행한 연구에서는 가상의 남녀 대선 후보에 대한 미국인들의 반응을 조사했다. 미국 경제가 "튼튼하고 번영하는 상황"에 비하여 경제가 "허약하고 침체에 빠져드는 상황"에서는 가상의 남성 후보에 대한 지지율이 남녀 모두 더 올라갔다.

국내 경제가 갈수록 추락하고 있다. 많은 국민들이 생존 자체를 위협 받고 있다. 박근혜 후보가 세계 경제 위기를 헤쳐 나갈 수 있는 강력하고 과감한 남성적 리더십을 가진 후보임을 역설해야 할 판국에, 오히려 박 후보가 섬세하고 부드러운 전형적인 여성 후보임을 열심히 홍보하는 새누리당의 선거 전략은 자못 별스럽다.●

● 이 글은 2012년 11월에 씌어진 글이다.

국가의 복지와
이웃 간 도움

복지는 참 어려운 문제다. 가난한 집 아이들만 밥을 줄 것인가, 아니면 모든 아이에게 밥을 줄 것인가? 무상 보육, 무상 급식, 노인 연금, 반값 등록금, 4대 중증 질환 보장 등등 돈 쓸 곳은 많은데 어디에 돈을 먼저 쓸 것인가? 복지에 필요한 돈은 어떻게 마련할 것인가?

그런데 조금 이상하다. 홍준표 경남 도지사의 무상 급식 지원 중단이 온 나라를 들쑤시는 모습에서 알 수 있듯이, 대다수 국민은 이런저런 복지 정책에 대한 찬성 혹은 반대가 칼날같이 분명하다. 생업에 바쁜 국민들이 박근혜 정부 복지의 목표, 복지 우선순위, 재정 확보 방안 등을 밤새워 '열공'했을 리도 없는데, 어떻게 그 어려운 문제에 저마다 단호한 결론을 내리는 걸까?

정치학자들을 따르면, 어떤 복지 정책에 대한 개개인의 찬반은 복지부가 발행한 자료집을 꼼꼼히 검토한 끝에 나오는 것이 아니다. 찬성 혹은 반대는 다음과 같은 간단한 질문을 던져서 순식간에 결정된다. "그 수혜자가 혜택을 받아 마땅한 사람인가?" 즉, 사람들은 수혜자의 노력 여하에 따라 수혜자를 '불운한 개미' 또는 '게으른 베짱이'로 분류한다. 열심히 일했지만 어쩔 수 없는 외부 사정 때문에 어려움에 부닥친 개미는 마땅히 복지 혜택을 받아야 한다. 반면에 빈둥빈둥 놀면서 남들에게 기생하는 베짱이는 혜택을 받아선 안 된다고 사람들은 생각한다. 예를 들어, 노년층의 지하철 무임승차에 대한 찬반을 물을 때 노인들이 산업화를 일군 주역이었음을 슬쩍 언급하면 찬성표가 많아진다.

왜 사람들은 국가의 복지 정책을 판단할 때 그 혜택을 받을 수혜자가 스스로 노력하는지에만 온통 관심을 쏟는 걸까? 잊지 마시라. 국가는 고작 5000년 전에 처음 나타났다. 그 이전 수백만 년을 우리 조상들은 100명 남짓한 작은 무리 안에서 수렵 채집 생활을 하며 보냈다. 요컨대, 인간의 마음은 엄청난 규모의 현대 대중 사회가 아니라 조촐한 규모의 원시 공동체 사회에 딱 맞게끔 자연 선택에 의해 설계되었다.

본성이 답이다

우리의 먼 조상들이 풀어야 했던 숙제 중의 하나는 고기를 어떻게 꾸준히 구할 것인가였다. 사냥해서 얻는 고기는 크고 영양분도 많다. 그러나 사냥에 성공하기란 매우 어렵고 운에 크게 좌우된다(TV 프로그램 「삼시세끼: 어촌 편」에서 배우 유해진은 감성돔을 낚는 데 결국 실패하고 말았다.). 내가 오늘 운이 좋아서 사냥에 성공했다면, 배불리 먹고서 남은 고기를 사냥에 실패한 이웃에게 나누어 줘도 그리 큰 손해는 아니다. 어차피 냉장고도 없던 시절이다. 만약 내일 내가 운 나쁘게 사냥에 실패한다면, 사냥에 성공한 이웃이 내게 고기를 나누어 줄 것이다.

즉, 피붙이가 아닌 이웃 사이에는 서로 도움을 주고받음으로써 둘 다 이득을 얻는다. 이러한 상호 부조가 자리 잡기 위한 관건은, 도움을 받기만 하고 되돌려 주지 않는 사기꾼을 가려내야 한다는 것이다. 은혜를 저버린 사기꾼을 콕 집어내서 다음부터는 도와주지 않는 심리가 진화했음을 보여 주는 증거들은 매우 많다.

진화 정치 심리학자 미카엘 페테르센(Michael Petersen)은 현대인이 국가의 복지 정책을 판단할 때, 석기 시대의 조상들이 어려움에 처한 이웃과 도움을 주고받을 때 작동하던 심리가 그대로 쓰인다고 제안했다. 즉, 어떤 복지 정책을 판단할 때 국민들이 수혜자의 노력 여부에 유독 초점을 맞추는 까닭은 인류의 진화 역사에서 이웃 간에 자원을 나눌 때 도움을 되갚으려 노력하지 않는 사기꾼을 가려내는 일이 아주 중요했기 때문이다. 2012년 미국 정치학 저널에 실린 연구에서 페테르센은 사람들이 친구로부터 노트를 빌린 학생과 정부로부터 실업 수당을 받는 실직자를 과연 동일한 범주로 인식하는지 실험했다. 예측대로, 압도적인 규모의 차이에도 불구하고 사람들은 이웃 간의 자원 나누기와 국가의 복지 집행을 따로 구별하지 않고 함께 묶어서 사고했다.

현대인들이 국가 차원의 대규모 복지를 마치 이웃 간의 소소한 도움 주고받기인 양 인식한다는 사실은 시사하는 바가 크다. 어떤 복지 정책의 실효성을 제대로 판단하려면, 다양한 요인들에 대한 복잡한 분석이 꼭 필요하다. 그렇지만 일반인들은 골치 아픈 논의 따윈 제쳐 두고 편리한 지름길을 택해서 입장을 정한다.

예컨대, 선별적 복지와 보편적 복지를 생각해 보자. 도움이 필요한 사람들만 선별적으로 복지 혜택을 주자는 주장은 작은 공동체에 맞추어진 인간 본성에 착 감긴다("왜 재벌의 손자에게도 공짜로 밥을 줘야 합니까?"). 그러나 여러 연구는 보편적 복지가 선별적 복지보다 부의 재분배에 더 효과적임을 입증했다. 선거에 큰 영향을 끼치는 중산층 자신이 복지의 수혜를 받으면, 이들은 보편적 복지를 계속 유지, 강화하려는 정당에 표를 던지기 때문이다. 반대로 혜택을 못 받으면, 중산층은 복지 수준을 낮추자고 주장하는 정당에 쉽게 동조하게 된다. 수십 명의 작은 공동체에 맞춰 진화한 인간 본성이 자칫 수천만 국민들의 삶을 좌우하는 현대 국가의 복지를 엉뚱하게 망치는 일이 없게끔 각별히 신경 쓰자.

협력을
꽃피우는 방법

2015년 평창에서 열린 「무한도전 가요제」는 관객들이 마구 버린 쓰레기로 얼룩졌다. 조금 귀찮더라도 각자 쓰레기를 되가져가는 성숙한 시민의식이 아쉽다며 질타하는 목소리가 높았다. 도로와 공연장을 뒤덮은 거대한 쓰레기는 평범한 개인으로 하여금 손해를 감수하면서 공공의 이득을 넓히는 일에 나서게끔 하는 것이 얼마나 어려운지 잘 보여 준다. 어떻게 협력을 끌어낼까?

협력의 문제는 풀기 어려운 딜레마다. 협력은 모두에게 이득을 준다. 협력자가 많은 집단은 무임승차자가 많은 집단보다 더 잘 굴러간다는 뜻이다. 그러나 협력은 당사자에겐 손해가 된다. 자신부터 일단 챙기는 합리적인 사람이 협력을 선택할 이유가 없다는 뜻이다. 이 난처한 딜레마는 일상생활 곳곳에서 끼어든다. 더워도 에어컨을 되도록 틀지 않아서 범국민적인 에너지 절약 운동에 동참할 것인가? 책상에서 빈둥대며 월급 도둑이 되기보다는 회사의 목표 달성에 열정적으로 뛰어들 것인가? 내 한 표가 선거 결과를 뒤바꿀 가능성은 0에 가깝지만, 선거일에 놀러 가지 않고 투표장으로 향할 것인가?

여기 희소식이 있다. 지난 수십 년 동안 진화 생물학자들과 게임 이론가들은 어떤 상황에서 사람들이 협력을 택하게 되는지 밝혀냈다. 딜레마를 푸는 가장 강력한 해법은 '상호성'이다. 두 사람이 자주 만나서 상호 작용을 한다면, 서로 도움을 주고받음으로써 쌍방이 모두 이득을 얻을 수 있다. "내가 널 도와줄게, 다음엔 네가 나를 도와줘."의 논리다. 한편, 누가 누구에게 어떻게 대했는지에 대한 정보 교환이 활발히 이루어진다면, 꼭 과거에 나를 도와준 사람만 도와줄 필요는 없다. 평판이 좋은 사람, 즉 꼭 내가 아니더라도 이전에 남들을 많이 도운 사람을 도와준다면 내 평판이 올라가서 나중에 내가 도움을 받게 된다. "내가 널 도와줄게, 다음엔 다른 누군가가 나를 도와주겠지."의 논리다.

더 기쁜 소식이 있다. 과학자들은 컴퓨터 모니터와 행동 실험실에서 얻어진 순수 연구들이 현실 세계에서 협력을 꽃피우는 데 어떻게 응용될 수 있는지 실질적인 조언을 내놓고 있다. 하나씩 살펴보자.

첫째, 착한 일에 동참해 달라는 요청을 자연스럽게 회피할 기회를 주지 마라. 연말에 대형 할인점을 갈 때, 어쩌다 보니 구세군 자선냄비가 지키고 있는 문이 아니라 다른 출입문으로 들어간 경험이 자주 있을 터이다(필자만 자주 그런가?). 사람들은 자기 입으로 "싫어요."라고 거절해서 자기 평판을 확실하게 떨어뜨리는 사태는 되도록 피하려 한다. 즉, 내가 도울 기회가 있었다는 사실 자체를 숨김으로써 내 평판을 지키고 싶어 하는 것이다. "그쪽 문에 자선냄비가 있는지 몰랐어요. 아유, 있는지 알았으면 당연히 기부했죠!"

그러므로 시민들의 참여를 요청할 때 시민들에게 '동참 요청을 피할' 기회를 주면 안 된다. 운전면허를 딸 때 사후 장기 기증 여부를 묻는 네모 칸에 이미 체크가 된 채 의향을 묻는 유럽 국가들에서는 운전자들의 97퍼센트가 기증에 동의했다. 반면에 비어 있는 네모 칸에 직접 체크를 해야 기증 의사가 확인되는 나라에서는 15퍼센트만이 동의했다.

둘째, 구성원이 협력과 배신 가운데 무얼 택했는지 남들의 눈에 잘 띄게 하라. 다른 사람들이 — 특히 나와 앞으로 자주 만날 사람들이 — 내가 무얼 택했는지 쉽게 알 수 있는 상황이라면, 자발적으로 협력할 가능성이 커진다. 반대로 남들이 내가 무얼 택했는지 전혀 모를 상황이라면 '나 하나쯤이야!' 하면서 무임승차할 가능성이 커진다. 한마디로, 착한 일은 남들이 알아 줘야 제 맛이다.

최근의 한 연구에서는 대규모 정전 사태를 방지하고자 각 가정의 에어컨 사용을 중앙에서 일괄 통제하는 공익사업에 캘리포니아 주민들이 참여하는 정도를 조사했다. 한 아파트에서는 1층 우편함처럼 이웃들이 많이 드나드는 장소에 가입 신청서를 게시하고 신청자 이름과 동, 호수를 적게 했다. 다른 아파트에서는 참여를 희망하는 이가 전화로 개별 신청하게 했다. 그 결과, 전자가 후자보다 참여자의 빈도가 세 배나 더 높았다.

셋째, 다른 사람들이 이미 협력하고 있음을 주지시켜라. 무조건적인 협력자는 세상에 없다. 현실 속의 협력자는 모두 조건적인 협력자이다. 자기가 먼저 배신하진 않지만, 누군가 무임승차하면 곧바로 눈을 부라리는 이들이다. 따라서 대다수 사람이 이미 협력하고 있다는 정보는 안심하고 나도 협력할 수 있음을 뜻한다. 이 구역에 얄미운 무임승차자는 없다. 사회 심리학자 로

본성이 답이다

버트 치알디니(Robert Cialdini)가 환경 보호를 위해 호텔 객실의 수건을 재사용하자는 캠페인을 소재로 행한 유명한 실험이 있다. 환경 보호에 동참해 달라는 이성적 호소보다 '이 방에 머무른 손님들의 75퍼센트가 수건을 재사용했다.'는 정보 제공이 손님들의 참여를 훨씬 더 끌어냈다.

공공 정책을 집행하는 이들이나 조직을 운영하는 기업가들은 구성원들의 협력을 끌어내려 할 때 각 개인이 평판에 대한 무의식적인 관심을 충족시키게끔 직관적이고 정서적인 해법을 고민할 필요가 있다.

갑질의
심리학

대한항공 조현아 전 부사장이 승무원들에게 고성을 지르며 파일을 집어 던진다. 부천의 한 백화점에서 모녀가 주차장 아르바이트생들의 무릎을 꿇린다. 고릴라나 침팬지 무리에서 으뜸 수컷이 서열이 낮은 수컷을 때리고 을러대는 장면이 저절로 떠오른다.

　사실, 고릴라에서는 지도자의 갑질이 법이요 진리이다. 으뜸 수컷은 무리를 지배하는 폭군이다. 무리 안의 모든 자원은 물론 암컷과의 짝짓기를 독차지한다. 인간이 만약 고릴라라면, 회사 상사가 느닷없이 내 집으로 찾아와 냉장고를 멋대로 비운 다음 내 아내와 동침하는 광경을 멍하니 바라보는 게 일상일 것이다. 인간과 가장 가까운 종인 침팬지의 경우, 버금 수컷들끼리 힘을 합쳐 으뜸 수컷을 쓰러뜨리는 일이 종종 벌어지기는 한다. 그러나 갑과 을 사이의 강압적인 위계질서가 항상 존재한다는 점은 고릴라와 같다.

고릴라나 침팬지 사회에서는 오직 독재만이 작동함을 미루어 봤을 때, 우리 인간에서도 강자가 약자를 무자비하게 억압하고 착취하는 성향이 예외 없이 진화했으리라고 많은 사람이 믿는다. 인간의 원초적인 본성은 갑이 을을 짓밟는 독재주의이며, 인류의 오랜 진화 역사에서 극히 최근에 이르러서야 모두 다 평등한 민주주의가 그리스의 아테네에서 비로소 발명되었다는 것이다. 정말로 갑질은 인간의 본성일까? 강자는 약자를 거리낌 없이 지배하고, 약자는 강자를 군말 없이 따르게끔 우리의 마음이 진화했을까?

로열패밀리들에게는 안 좋은 소식이겠지만, 이러한 통념은 틀렸다. 수백만 년 전 침팬지의 조상과 갈라진 이래, 인류는 아프리카의 사바나 초원에서 수십 명 정도의 작은 무리 안에서 수렵 채집 생활을 하면서 진화 역사의 99퍼센트 이상을 보냈다. 공식적으로 정해진 지도자는 따로 없었다. 사람들 사이에 높으신 분과 하찮은 놈이 따로 나누어지지도 않았다. 이처럼 '평등한' 사회에 맞추어 인간의 마음이 진화하였다. 옛날에 어땠을지 상상해 보라고 하면, 우리는 흔히 고조선이나 고대 이집트에서 왕과 귀족들이 평민들을 마음대로 수탈하고 볼기짝을 때리는 모습을 떠올린다. 하지만 이는 고작 1만 년 전에 농업이 발생하고 계급과 국가가 생긴 다음에야 나타난 낯선 풍경이다.

앞에서 '평등한'이라는 단어를 작은따옴표로 묶었음에 유의하시라. 공식적인 지도자도 세습되는 계급도 없었지만, 무리에 속한 모든 구성원이 똑같은 지위와 특권을 누리지는 않았다. 아직도 수렵 채집 생활을 하는 파라과이의 아체족을 예로 들어 보자. 아체족의 성인 남성들은 매일 뙤약볕에서 굵은 땀을 흘려 가며 큰 동물을 사냥한다. 남성들은 이렇게 애써 잡은 고기를 자기 식솔끼리만 오붓이 먹기는커녕, 무리의 전체 구성원들과 한자리에 둘러앉아 공평하게 나누어 먹는다. 결과적으로 일등 사냥꾼이나 꼴찌 사냥꾼이나 매일 얻는 고기의 양은 거의 같게 된다. 냉장고가 있는 것도 아니니, 어차피 다 못 먹고 썩을 고기를 남들과 나눔으로써 내일 사냥에 실패하더라도 걱정할 필요를 없애는 것이다.

고기는 얼추 공평하게 분배되지만, 사냥에 자주 성공하는 일등 사냥꾼은 무리 안에서 차츰 명성을 쌓게 된다. 지나가는 곳마다 "저 남자가 그렇게 사냥을 잘한다며?"라는 수군거림이 새어 나온다. 즉, 몇몇 개인들이 자기가 지닌 전문 기술이나 힘, 지능을 바탕으로 높은 지위를 자연스레 얻게 되는 것이다. 이렇게 비공식적으로 얻은 지위는 진화적 성공으로 이어졌다. 실제로, 아체족을 연구한 인류학자들은 최고의 사냥꾼이 일반 사냥꾼들보다 바람도 더 자주 피우고 자식도 더 많이 가짐을 발견했다. 지도자의 영향력은 어디까지나 자기의 전문 분야에만 국한되었다. 일등 사냥꾼은 사냥에 관련된 문제에만, 일등 전사는 전투에 관련된 문제에만 큰 기침을 하는 식이었다. 무리 전체가 관련된 중요한 일을 결정하는 데는 모든 사람들이 평등하게 참여하였다.●

인류는 진화 역사의 대부분에 걸쳐 각 개인들 간에 재산이나 특권의 차이가 거의 없는 비교적 평등한 사회에서 살았다. 남보다 뛰어난 기술이나 자질을 지닌 사람은 구성원들에 의해 자연스럽게 지도자로 인정되었다. 즉, 지도자의 작은 권력은 오롯이 추종자들로부터 나왔다. 1만 년 전에 농업이 시작되어 잉여 생산물이 쌓이고 사회가 커지면서 모든 것이 달라졌다. 높은 사회적 지위가 전보다 훨씬 더 많은 자원과 성관계 기회를 약속하

● 마크 판 퓌흐트, 『빅맨』

본성이 답이다

게 되면서, 지도자가 추종자들을 착취하고 깔아뭉개는 일들이 빈번하게 벌어졌다. 남다른 능력 덕분에 직접 동료들에 의해 뽑힌 사람이 아니라, 고위층에서 낙하산으로 내려 보낸 사람이 책임자가 되면 조직 내에 갈등이 더 심해진다. 하물며 능력과 무관하게 창업주의 가족이라는 이유만으로 고위직을 차지한 이는 상향식 리더십을 원하게끔 진화된 우리의 본성과 정면으로 충돌한다.

한진 그룹 오너 일가가 승무원들에게 워낙 폭언을 일삼는 탓에 승무원들은 자조적으로 자신들을 기물이라 불렀다고 한다. 모든 아랫사람은 지나친 갑질에 분노하여 행동에 나서게끔 진화된 마음을 지니고 있다.

착한 일은 남들이
알아줘야 제 맛

혹시 다니는 직장의 휴게실 한구석에 커피메이커가 있는지? 그 옆에 정해진 커피 값을 양심에 따라 치르는 무인 계산함도 함께 놓여 있는지? 이 조건이 충족된다면 여러분은 이제 재미있는 심리 실험을 할 수 있다. 정면을 응시하는 한 쌍의 눈(目) 사진을 커피메이커 바로 위벽에 붙인다. 일주일 후, 눈 사진을 떼고 화사한 꽃 사진을 같은 위치에 붙인다. 예측하건대, 눈 사진을 붙였을 때 사람들이 무인 계산함에 넣은 금액이 꽃 사진을 붙였을 때보다 더 많을 것이다. 2006년 영국 뉴캐슬 대학교의 심리학과 휴게실에서 실제로 진행된 실험이다. 눈 사진을 붙였을 때 낸 평균 금액은 꽃 사진 때보다 거의 세 배 더 많았다.

우리는 다른 사람들의 시선을 몹시 의식한다. 누군가 나를 지켜보고 있을지도 모르는 상황이라면, 더 착하고 협력적으로 행동하는 경향이 있다. 평판이 달린 문제라면 착하게 처신하는 심리는 다른 동물들보다 훨씬 더 체계적이고 폭넓게 협력하는 우리 인간을 이해하는 열쇠가 된다. 동물 사회는 주로 가까운 혈연끼리만 협력한다. 피 한 방울 섞이지 않은 남남끼리 학교나 기업, 선거 캠프처럼 대규모 조직을 이루고 공동의 목표 달성을 위해 힘을 합치는 종은 인간뿐이다.

왜 우리는 서로 협력할까? 내가 너를 도와주면, 나중엔 네가 나를 도와줄 것이기 때문에? 도움을 주고받음으로써 쌍방이 모두 이득을 얻는다는 설명은 일리가 있다. 혼자 목욕탕에 가서 등의 때를 밀지 못한 채 목욕을 끝마치는 건 찜찜하다. 혼자 온 듯한 사람에게 제안해서 등의 때를 서로 밀어 주는 편이 더 이득이다. 그러나 친족이 아닌 사람들 간에 벌어지는 모든 협력 행동이 상대방이 내게 도움을 되갚아 주리라는 기대 하에 벌어지는 것은 아니다. 수재민을 돕기 위한 자동 응답 전화번호를 집에서 누르면서, "저 수재민이 나중에 내가 수재를 당하면 내 계좌에 입금해 주겠지."라고 미소 짓는 사람은 없다.

진화 생물학자 리처드 알렉산더(Richard Alexander)는 이 대목에서 평판의 중요성을 강조한다. 우리가 종종 도움을 되돌려 받기 어려운 상황에서도 기꺼이 남을 돕는 까닭은 내 평판을 올리기 위함이다. 착한 평판이 난 사람은 나중에 제삼자들로부터 도움을 받기 쉽다. 반면에 나쁜 평판이 난 사람은 나중에 제삼자들로부터 도움을 받기 어렵다. "내가 너를 도와주면, 나중엔 다른 누군가가 나를 도와주겠지."라는 정신이 인간 사회의 대규모 협력을 만들어 냈다. 아무 대가를 바라지 않고 강도를 만난 사람을 기꺼이 구해 준 선한 사마리아인은 나중에 이웃들로부터 도움을 우선적으로 받기 마련이다.

이러한 설명은 공정 무역 제품이나 친환경 녹색 제품처럼 공익을 증진하지만 소비자 개인에게는 높은 가격이나 비효율로 더 손해인 '착한' 제품의 마케팅에 활용될 수 있다.● 사람들은 자기가 손해를 보는 선택은 하려고 하지 않는다. 그러나 이타적인 소비를 할 만큼 자신이 착한 사람임을 주변 사람들에게 자연스럽게 광고할 수 있다면, 기꺼이 나중에 남들로부터 도움 받을 가능성을 높이고자 '착한' 제품을 구매할 것이다. 이를테면, 공정 무역 커피의 가격을 오히려 더 인상한 다음에, 이 커피 상표

● 마케팅에 진화 심리학 연구를 응용한 책으로 더글러스 켄릭, 블라다스 그리스케비시우스의 『이성의 동물』을 추천한다.

는 다른 상표들과 질적으로 구별되는 착한 것임을 대대적으로 홍보하면 어떨까. 비싼 공정 무역 커피를 마시는 일이 바보 같기는커녕 '쿨'하다고 여기는 흐름이 형성될 것이다. "지성인이라면 우리 모두를 위해 비싼 친환경 녹색 제품을 사는 희생을 감수해야 한다."고 계도하는 대신, 소비자가 착한 소비를 했다는 사실이 주변 사람들에게 자연스레 알려지게끔 조용히 도와주자.

본성이 답이다

우리는 이기적으로
태어나지 않았다

어떤 독자는 책을 읽고 괴로운 나머지 사흘 동안 밤잠을 설쳤다. 그런 책을 쓰고서 어떻게 아침마다 태연하게 일어날 수 있는지 저자에게 묻는 이도 있었다. 진화 생물학자 리처드 도킨스(Richard Dawkins)가 1976년에 내놓은 『이기적 유전자』 말이다. 이 책은 20년 전 국내에 번역된 이래 과학 분야 베스트셀러 자리를 꾸준히 지키고 있다. 우리 사회에도 이 책을, 정확히 말하면 책 제목을, 못마땅하게 여기는 사람들이 적지 않은 것 같다. 이 분야를 전공하다 보니, 인간이 이기적 유전자가 조종하는 로봇에 불과하다는 말은 헛소리 아니냐며 날 선 질문을 퍼붓는 사람을 종종 만난다.

　일반인들은 '이기적 유전자'를 대개 이렇게 이해한다. 유전자는 이기적이어서 다음 세대에 더 많이 전파되려 애쓴다. 인간은 유전자가 이 목표를 이루고자 만들어 낸 로봇이다. 따라서 인간은 본래 이기적일 수밖에 없다. 심지어 이 이론에 따르면 자식이나 배우자, 친구 등을 향한 따뜻한 사랑과 희생도 진정한 이타성이 아니라 유전자가 자기 복제본을 남기려는 이기적인 책략에 불과하다고 한다. 인간은 원래 이기적이라는 해석은 책의 1장에 나오는 문장으로 뒷받침된다. "관용과 이타성을 가르치도록 노력하자. 왜냐하면 우리는 이기적으로 태어났기 때문이다."

좋은 소식이 있다. 이러한 해석은 틀렸다. 우리는 이기적으로 태어나지 않았다. 먼저 도킨스는 책에서 '이기적인 유전자'는 단순한 은유에 불과함을 지겨울 정도로 강조하고 있음을 짚어 두기로 하자. 유전자가 마치 사람처럼 의도를 지닐 수 있다고 도킨스가 착각하고 있다며 비판하는 사람은 과녁을 크게 벗어난 셈이다. 그렇다면, 이 은유는 대체 무슨 뜻일까?

유전자가 '이기적'이라는 말은 자연 선택에 의해 다음 세대에 후손을 더 많이 남기는 단위는 개체나 집단이 아니라 유전자라는 뜻이다. 다시 말하면, 유전자가 마치 자기 후손을 널리 퍼뜨리려 노력하는 실체인 양 가정하면 자연 선택에 의한 진화를 쉽게 이해할 수 있다는 도킨스의 제안이다. 예를 들어, 우리

본성이 답이다

몸은 추우면 덜덜 떨어서 열을 만들어 체온을 유지한다. 추우면 몸을 떨게 했던 유전자가 다른 대립 유전자, 이를테면 아무리 추워도 평정을 유지하게 했던 유전자보다 다음 세대에 더 널리 퍼질 수 있었다. 이런 의미에서, 추우면 몸을 덜덜 떨게 하는 행동을 일으키는 유전자는 '이기적'이다. 오늘날 생명체의 복잡한 적응을 만드는 모든 유전자들은 먼 과거에 그 복제본을 퍼뜨리기에 유리했다는 의미에서 '이기적'이다.●

유전자의 눈높이에서 진화를 바라보는 이론은, 흔한 오해와 달리, 모든 사람의 궁극적인 목표는 유전자를 퍼뜨리기 위함임을 설파하지 않는다. 그 누구도 유전자를 퍼뜨리려 애쓰지 않는다. 유전자의 선택 과정을 어떤 식으로 은유하든지 우리 인간은 사랑, 안전, 행복, 우정 같은 진짜 목표를 지닌다. 즉, 학자들이 이기적이라고 은유하는 유전자가 반드시 이기적인 개체를 만드는 것은 아니다. 종종 유전자가 행하는 가장 '이기적인' 일은 진정으로 이타적인 행동을 만드는 심리적 적응을 설계하는 것이

<hr />

● "이기적 유전자"라는 은유에 대한 보다 자세한 설명은 전중환, 「진화 생물학의 은유 — '이기적인 유전자'와 '스팬드럴'을 중심으로」,《대동철학 54: 117-136》에서 찾을 수 있다.

다. 자식, 배우자, 혹은 친구에 대한 사랑은 우리 인간의 관점에서 참으로 숭고하고 이타적인 희생일 수 있다. 생물학자들이 사랑이라는 심리적 적응을 포함하여 그 모든 적응들을 만드는 유전자들을 이기적이라 은유한다는 사실과 상관없이 말이다.

우리가 이기적으로 태어났다는 구절은 어떡할 것인가? 도킨스는 2006년에 새로 덧붙인 서문에서 "우리는 이기적으로 태어났다."는 문장은 틀렸으며 마음속에서 삭제해 달라고 요청했다. 다행이다.

보수와 진보의
도덕

유권자들은 자신에게 가장 이득이 되는 후보를 선택한다. 이것이 정치인들이 유권자의 마음에 대해 품는 기본적인 가정이다. 여야 가리지 않고 선거철만 되면 선심성 퍼 주기 공약을 남발하는 걸 봐도 알 수 있다.

그러나 정치 심리학자들의 연구를 따르면, 나에게 얼마나 이득이 되는가가 실제 투표 행동에 끼치는 영향은 미미하다. 서구의 경우, 의료 보험이 없는 사람들이 전 국민 의료 보험 혜택을 공약한 정당을 의료 보험이 있는 사람들보다 딱히 더 지지하지는 않는다. 군대에 가야 하는 젊은 남성들이 군 복무 기간을 연장하는 정책을 장년 남성들보다 특별히 더 반대하지도 않는다. 우리나라에서도 2012년 대선에서 저소득층은 부의 재분배를 주장한 민주당 후보보다 새누리당 후보를 압도적으로 더 지지한 것으로 조사되었다.

유권자가 경제적 이득에 이끌려 표를 주는 유일한 예외는 후보자가 약속한 이득이 "크고, 즉각적이고, 널리 홍보되었을" 때다. 취임 첫해부터 65세 이상 모든 노인의 통장에 매달 20만 원씩 꽂아 준다던 약속은 그 좋은 예다.●

유권자의 마음을 움직이는 진짜 원동력은 무엇일까? 후보자의 키, 외모, 성별, 나이 등 다양한 요인들이 있다. 특히 중요한 요인은 도덕이다. 경제적 이해관계를 거스르면서 투표하는 유권자들은 자신의 도덕적 가치를 실천해 줄 후보에게 투표한다. 그러면 후보자 중에 가장 도덕적인 후보가 항상 만장일치로 뽑히는 이상적인 상황이 벌어질까? 아쉽게도 그렇진 않다. 각자의

● 조너선 하이트 등의 정치 심리학자들은 유권자가 경제적 이득에 전적으로 좌우된다는 기존의 관점을 강하게 반박하려다보니 오히려 "유권자는 경제적 이득에 거의 영향을 받지 않는다."는 지나친 주장까지 펼친 감이 있다. 유권자의 경제적 이득을 높여 주던지 아니면 유권자의 도덕적 가치를 지키는 데 도움을 주건 간에, 결국에는 먼 과거의 진화 역사에서 유권자의 생존 및 번식에 가장 도움이 되었을 후보를 지지하게끔 투표 행태가 진화했을 것이다. 이러한 관점을 잘 보여 주는 책으로 제이슨 위든과 로버트 커즈번이 공저한 『정치적 마음의 숨은 아젠다』(국내 미번역)가 있다.

정치적 성향에 따라 '도덕'이 뜻하는 바가 다르므로, 선거의 당락은 종종 근소한 표차로 갈린다.

우리는 흔히 도덕은 한 가지 빛깔로 되어 있다고 믿는다. 독립적인 개인들 간의 관계에서 공평과 정의를 실현하고 불쌍한 약자를 돌보는 것이 바로 도덕이라고 말이다. 그러나 인류학자 리처드 슈베더(Richard Shweder)는 전 세계의 도덕 체계를 두루 살핀 끝에 도덕은 세 가지 빛깔로 되어 있다고 주장했다. 도덕에는 개인의 권리와 자유를 중시하는 차원뿐만 아니라, 공동체의 통합과 질서를 중시하는 차원, 그리고 영혼의 깨끗함과 신성을 중시하는 차원도 있다는 것이다. 상사에게 꼬박꼬박 말대꾸하는 부하 직원이나 축구 한일전에서 일본 대표팀을 응원하는 한국 사람을 우리가 비도덕적이라 여기는 까닭은 그러한 행동이 공동체의 통합을 흔들기 때문이다.

최근의 연구를 따르면 개인, 공동체, 신성이라는 도덕의 세 차원 가운데 진보적인 사람들은 개인을 특히 더 중시하는 반면에 보수적인 사람들은 셋 다 비슷하게 중시한다는 사실이 밝혀졌다. 노무현 전 대통령이 남북 정상 회담에서 북방 한계선을 포기하는 발언을 했다고 선동한 새누리당의 대선 전략은 결과적으로 보수층의 도덕심을 자극하여 보수층을 투표소로 끌어냈다. 국익을 지키지 못한 '비도덕적인' 당의 후보를 표로 응징하지 못한다면, 기권한 사람도 죄를 짓는 셈이라고 보수층은 받아들인다.

유권자들은 경제적 이득이 아니라 도덕적 가치에 따라 투표한다는 것, 그리고 여기서 보수와 진보가 이해하는 도덕은 사뭇 다르다는 것은 우리 사회에 유용한 시사점을 준다. 예를 들어, 지난 대선에서 저소득층이 새누리당을 훨씬 더 지지한 이유는 교육 수준이 낮아서 사탕발림에 쉽게 넘어갔기 때문이며, 그러니 진보 세력이 그들의 삶을 향상할 유일한 대안임을 확실히 인식시키기만 하면 문제가 저절로 다 해결되리라는 분석은 이런 점에서 한계가 있다. 진보 세력은 보수적인 국민들이 그들에게 품는 생래적인 거부감, 즉 국가 안보와 사회 질서를 흔드는 '비도덕적인' 정당이라는 시선을 어떻게 바꿀지 궁리할 필요가 있다.

혐오를
넘어서는 공감

영화배우 이정재 씨가 2013년 방송된 한 예능 프로그램에서 정우성 씨와 부부(?) 사이라는 소문은 사실무근이라고 해명했다. 진행자 한혜진 씨가 남성 동성애를 그린 「브로크백 마운틴」 같은 영화에 정우성 씨와 함께 출연하면 어떻겠느냐며 슬쩍 떡밥을 던졌다. 하지만 이정재 씨는 생각만 해도 오글거린다며 자신의 성적 지향을 명확히 했다. 다음 날, 인터넷상에 "둘 다 이성애자라니, 너무나 슬프고 안타깝다!"라는 반응은 없었다. 왜 없었을까? 진화 생물학의 관점에서 보면, 짝을 얻기 위한 남성들 간의 공개 오디션 현장에 우승 후보 둘이 기권하는 척하다 갑자기 복귀한 격이니, 대한민국의 모든 미혼 남성이 마땅히 슬퍼했어야 한다. 왜 김제동 씨는 그런 비보를 듣고도 실실 웃었을까?

동성애는 진화의 미스터리다. 덧붙여, 동성애 혐오도 그에 못지않은 미스터리다. 누구나 알다시피, 다음 세대에 유전자를 남기려면 반드시 남녀가 만나 성관계해야 한다. 그런데 왜 이성보다 동성에게 성적으로 이끌리는 성향이, 결국 이성애자들보다 자식을 적게 낳거나 아예 낳지 않는 성향이 자연 선택에 의해 제거되지 않고 계속 남아 있는 걸까? 이 문제를 풀고자 여러 가설이 나왔지만, 아직 모두가 합의하는 정답은 없다. 최근 주목받는 가설 하나는 남성 동성애자를 만드는 "게이 유전자"가 남자 몸에서는 손실만 끼치지만, 여자 몸에서는 자식을 더 많이 낳게 함으로써 개체군에 계속 유지되었다고 주장한다.

동성애가 어떻게 진화했는가에 대해서는 많은 학자가 연구하고 있다. 하지만 왜 이성애자들이 동성애자를 기피하고 경멸하며 때론 주먹까지 휘두르는가에 대해서는 아직 연구가 부족하다. 동성애자 간의 합의된 성관계나 결혼은 그 누구에게도 해를 끼치지 않는데, 왜 이성애자들은 혐오스러워할까? 진화의 논리에 따르면 이성애자 남성은 주위 남성이 게이로 밝혀졌을 때 "와, 경쟁자가 한 명 줄었네!"라고 기뻐해야 한다. 마찬가지로, 한꺼번에 두 명의 잠재적인 짝을 퇴장시키는 여성 동성애는 이성애자 남성들에겐 잔인한 범죄로 여겨져야 한다. 현실은 정반대

본성이 답이다

다. 남녀를 막론하고 이성애자들은 남성 동성애를 여성 동성애보다 더 혐오한다. 2008년 미국에서 게이에 대한 증오 범죄는 레즈비언에 대한 증오 범죄보다 다섯 배 더 일어났다.

동성애가 잘못되었다고 여기는 도덕 판단은 "남에게 손해를 끼치지 않는 한, 성인 간의 합의된 행동을 간섭할 수 없다."는 일반 원칙에서 도출되는 것이 아니라 원초적인 혐오감에서 유래하는 것처럼 보인다. 동성애라는 말만 들어도 속이 뒤집히면서 '틀렸다'고 판단한다. 그러고 나서 동성애가 종교 교리에 어긋난다든지, 출산율을 낮춘다든지 등의 논거를 찾아내서 이미 내린 판단을 정당화한다. 방귀 냄새를 맡은 사람들이 그렇지 않은 사람들에 비하여 게이에 대해 더 부정적으로 판단했다는 최근의 한 실험 결과는 이를 뒷받침한다.

차별 금지법이 동성애를 조장하리라는 기독교계의 반발을 사고 있다. 모두 상생하는 사회를 만들기 위한 법과 제도는 인간의 파괴적인 본능이나 특정 종교의 교리가 아니라, 인간 본성의 또 다른 측면인 공감과 이성에 바탕을 둬야 할 것이다. 배척 받는 이의 처지에서 상상해 보자. 당신은 아무 잘못 없이 남들에게 외면 받거나 심지어 폭행까지 당한다. 성별, 인종, 나이, 성적 지향 등이 다르다고 해서 이런 대접을 받는 것은 말도 안 된다고 분노할 것이다. 나 자신이 동성애자라고 상상조차 할 수 없다면, 내 형제나 친자식이 동성애자라는 이유로 입사 최종 면접에서 탈락했을 때 어떤 심정일지 상상해도 좋을 듯하다.

피붙이는
특별하다

서점에서 아무 심리학 책이나 집어서 펼쳐 보시라. 모르는 사람, 배우자, 친구처럼 피 한 방울 섞이지 않은 남들과의 관계는 많이 다루고 있다. 그런데 부모의 자식 돌보기를 제외하면, 우리가 가족이나 친척과 어떤 관계를 맺는가는 거의 나와 있지 않다. 마치 형제, 조부모, 손주, 삼촌, 이모, 조카, 사촌과의 관계는 비친족과의 관계와 본질적으로 다르지 않다고 넌지시 주장하는 듯하다.

물론, 우리는 모두 안다. 피붙이는 남남보다 더 특별한 존재임을. 그렇지 않다면야 왜 설날 연휴에 온 국민이 극심한 차량 정체를 감수하면서 고향으로 내려가는 민족 대이동이 벌어지겠는가? 왜 손주에게 세뱃돈을 주려고 신권을 준비하는 노부모의 얼굴에 그토록 환한 미소가 번지겠는가?

진화 생물학자들은 이렇게 설명한다. 혈연끼리는 일정한 확률로 유전자를 공유한다. 비친족끼리는 유전자를 공유하지 않는다. 따라서 어떤 유전자가 개체로 하여금 그 개체의 혈연을 돕게 한다면, 그 유전자는 결과적으로 자신의 복제본에게 도움을 줬을 수도 있다. 여기서 '줬을 수도 있다'고 애매하게 표현한 까닭은 유전자를 공유하지 않을 확률도 있기 때문이다. 어쨌든 이렇게 혈연에게 주는 도움이 상당히 크다면, 혈연을 돕게 하는 유전자는 자연 선택되어 다음 세대에 널리 퍼질 수 있다.

예를 들어 보자. 나는 방금 밥을 먹어 배가 부르다. 친동생은 며칠째 굶었다. 형제 사이에 특정한 유전자를 공유할 확률은 50퍼센트다. 이제 배고픈 동생을 불쌍히 여겨 내 찐빵을 동생에게 양보하게 하는 유전자를 생각해 보자. 찐빵을 포기함으로써 나는 약간의 손실을 감수하지만, 아사 직전이던 동생이 찐빵을 받아 얻는 이득은 필시 내 손실보다 두 배 이상일 것이다. 그러므로 유전자의 관점에서 보면 배부른 형이 배고픈 동생에게 찐빵을 양보하게 하는 유전자는 다음 세대에 전파될 수 있다.

두 혈연이 특정한 유전자를 공유할 확률은 가까운 혈연일수록 높다. 부모와 자식 사이는 50퍼센트이고, 형제자매 사이도

50퍼센트이다. 조부모와 손주는 25퍼센트, 삼촌/이모와 조카는 25퍼센트, 그리고 사촌 사이는 12.5퍼센트이다. 이는 찐빵을 포기함으로써 내가 입는 손실보다 내 사촌이 찐빵을 받아서 얻는 이득이 적어도 손실의 여덟 배는 되어야 내 찐빵을 선뜻 사촌에게 양보하는 행동이 진화할 수 있다는 뜻이다. 우리가 왜 가까운 혈연을 먼 혈연보다 더 친하게 여기는지 이로부터 알 수 있다. 반면에 나와 유전자를 공유하지 않는 배우자, 친구, 직장 동료를 위해 어떤 대가도 바라지 않는 진정한 희생을 하기란 불가능하다.

혈연끼리는 유전적 이해관계를 부분적으로 공유한다는 말이 설날 연휴에 온 가족이 모이면 마냥 웃음꽃이 만발할 수밖에 없다는 뜻은 결코 아니다. 조금 공유할 뿐이지 완전히 겹치는 것은 아니기 때문이다. 그뿐만 아니라, 유전자를 공유하는 탓에 친척의 학교 성적, 연애, 취업, 결혼 및 출산 같은 중요한 인생사는 나의 진화적 성공에도 영향을 끼친다. 옆집 총각이 결혼하지 않고 살기로 했다 해도 내가 알 바 아니지만, 내 조카나 손주가 평생 혼자 살기로 했다면 나에게도 큰 손실이다.●

● 혈연 간에 협력뿐만 아니라 갈등도 일어난다는 것을 잘 보여 주는 책으로 더글

친척 어르신들이 평소에는 별로 도와주지도 않으면서 명절 때 오랜만에 만나기만 하면 남의 취업, 결혼, 출산, 육아 등을 놓고 미주알고주알 간섭하는 통에 스트레스를 받는가? 그렇다면 친척들과 나의 유전적 이해관계가 원래부터 온전히 겹쳐질 수는 없다는 사실에서 위안을 얻길 바란다. 적어도 내가 결혼하건 말건 별로 신경 안 쓰는 친구들보다, 내 피붙이들은 나의 행복을 진정으로 바라게끔 진화한 사람들이다.

러스 모크의 『살아남은 것은 다 이유가 있다』가 있다.

아빠와 아이가 자주 어울려야 하는 이유

다섯 아빠와 아이들이 함께 오지로 여행을 떠나는 예능 「아빠! 어디 가?」가 한때 대세를 이루었다. 애틋한 부성애를 그린 드라마 「내 딸 서영이」나 영화 「7번 방의 선물」도 큰 인기를 끌었다. 아버지가 자식을 돌보는, 지극히 평범하고 별것도 아닌 모습에 사람들이 뜨겁게 반응하는 까닭은 무엇일까?

우선 아버지의 자식 돌보기는 진화적 관점에서 보면 싱겁기는커녕 아주 유별나고 독특한 행동임을 짚어 두자. 5400여 종에 달하는 포유류 가운데 수컷이 자녀 양육에 참여하는 종은 고작 5퍼센트 정도에 불과하다. 특히 침팬지, 고릴라, 오랑우탄, 인간 등이 속하는 유인원 무리에서 아버지도 자식을 열심히 키우는 종은 오직 우리뿐이다. 예컨대, 침팬지는 인간과 유전자가

98퍼센트 이상 겹치지만, 침팬지 수컷은 누가 자기 자식인지도 모를뿐더러 평생 자식과 어울릴 일도 거의 없다.

그래도 침팬지나 오랑우탄 수컷보다는 나으니 인간 아버지들이 제법 기특하다고 생각되는가? 사실, 여기에는 반전이 있다. 자식을 아끼고 돌보는 성향에서 아버지들 간의 차이가 매우 심하다는 것이다. 어떤 아버지는 「내 딸 서영이」의 서영이 아버지처럼 자식을 지극정성 돌본다. 다른 아버지는 자식을 돌보긴 하지만 조금 미적지근한 감이 있다. 또 다른 아버지는 자식을 일절 돌보지 않아서 자기 핏줄임이 분명한 갓난아기에게도 분유한 통 사 주려 하지 않는다. 친자식을 본체만체하는 이런 아버지는 안타깝게도 신문 지상에서 흔히 볼 수 있다.

영장류를 통틀어 이처럼 부성애의 개인차가 심한 종은 우리 인간밖에 없다. 아무리 영장류학자들이 전 세계의 침팬지들을 이 잡듯 뒤지더라도 새끼를 품에서 어르고 있는 침팬지 수컷은 결코 찾아내지 못할 것이다. 반면에 인간 남성들에서는 자식을 전혀 안 돌보는 이부터 극진히 돌보는 이까지 가지각색이다. 즉, 인간 남성은 친자식이 확실할지라도 자식에게 사랑을 쏟아붓게끔 날 때부터 확정되진 않았다. 서영이 아버지처럼 될 잠재력은 모든 남성의 DNA에 들어 있다. 하지만 실제로 서영이 아버지처럼 되려면 후천적인 경험이 필요하다.

아버지를 딸 혹은 아들 바보로 만드는 중요한 경험 중의 하나는 아이와 가까이서 함께 어우러지는 것이다. 유아와 밀착해서 시간을 보낸 아버지의 몸속에서는 뚜렷한 생리적 변화가 일어난다. 황제펭귄이나 산비둘기 같은 동물에서 자식에 대한 수컷의 보살핌을 유발하는 것으로 알려진 프로락틴 호르몬이 아버지의 혈류에서 증가한다. 반면에, 외간 여성과 바람을 피우게 하는 테스토스테론 호르몬은 감소하여 부부 간의 금실이 더 도타워진다. 한 연구에서는 유아를 단 15분 안고 있는 것만으로도 아버지 몸속의 프로락틴 호르몬이 유의미하게 증가함이 관찰되었다. 아이와 직접적인 상호 작용을 더 오래 할수록, 과거에 아이를 키워 본 경험이 더 많을수록, 아버지 체내의 프로락틴 호르몬은 그만큼 더 증가한다.●

이렇게 놓고 보면, 아버지가 일부러라도 아이와 어울리는 시간을 자주 내고자 노력할 필요가 있음을 알 수 있다. 아버지는 어머니보다 육아에 서툴기도 하거니와 아이의 마음을 읽는 데

● 부성애에 대한 진화 심리학 연구를 잘 정리한 책으로 피터 그레이, 커미트 앤더슨,『아버지의 탄생』이 있다.

도 젬병이다. 게다가 어머니와 끈끈한 애착이 이미 맺어진 아이 처지에서도 아버지의 손길은 가능하면 사양하고자 한다. 이러한 어려움을 극복하고 아버지와 아이가 자주 함께 하다 보면 점차 행복한 변화가 가정에서 일어날 것이다. 「아빠! 어디 가?」에 출연하는 아버지와 아이들처럼 말이다. 물론, 일찍 퇴근해서 아이와 자주 놀아 주고 싶은 아버지들조차 매일 밤늦게까지 직장에 매어 있게 만드는 우리 사회의 현실이 문제다.

아이는 원래 엄마와
함께 잤다

잠들 시간이다. 엄마는 불을 끄고 가 버렸다. 아이는 홀로 침대에 눕는다. 세상이 온통 암흑이다. 아이가 설핏 잠이 든다. 갑자기, 벽장문이 쾅 열린다. 청록색 털북숭이 괴물이 튀어나온다. 고함을 내지르며 아이에게 달려든다!

2001년에 개봉한 픽사의 장편 만화 영화 「몬스터 주식회사」의 한 장면이다. 서구 문화권에서는 대개 아이를 부모와 따로 재운다. 이렇게 자기 방에서 혼자 자야 하는 아이들은 종종 침대 밑이나 벽장 속에 괴물이 숨어 있다고 호소하며 엄마 방문을 두드린다. 어떨 때는 아무 이유 없이 무조건 엄마와 같이 잘 거라고 떼를 쓰기도 한다. 딱 오늘만 같이 자겠노라고 세련되게 엄마와 협상을 시도하기도 한다. 말하는 아이는 그나마 낫다. 말 못하는 아기는 더 딱하다. 어두운 방에서 자다가 깨면, 집이 떠나가라 우는 방도밖에 없다. 엄마를 애타게 찾는 아기의 울음소리는 육아 지침서의 가르침에 따라 아기가 울다 지쳐 잠들게 하려는 엄마에게 심한 죄책감을 안긴다.

왜 아기들과 어린아이들은 밤에 부모와 떨어져 혼자 자는 것을 그토록 싫어하는가? 엄마와 뽀뽀하기, 놀이터에서 놀기, 혹은 어린이날에 장난감 선물 받기를 싫어하는 아이는 아무리 눈 씻고 찾아봐도 없는데 말이다. 혹시 아이는 원래부터 엄마와 함께 자게끔 자연 선택에 의한 진화가 잘 설계해 놓은 게 아닐까?

물론, 전통적으로 우리나라는 아이를 부모와 같이 재웠다. 단칸방에서 여러 자식과 함께 잤던 흥부 부부를 떠올리면 알 수 있다. 아이를 부모와 따로 재우는 관습은 현대 서구 사회에 들어 나타난 예외적인 현상이다. 서구의 영향을 받아 우리 사회의 젊은 부부들도 이 관습을 많이 따르고 있다(인터넷에서 '아이 혼자 재우기'를 검색해 보시라.). 어쨌든 예외는 예외일 뿐이다. 지금껏 남아 있는 수렵 채집 사회들을 포함하여 90곳의 전통 사회를 비교 조사했더니, 엄마와 아기가 다른 방에서 잠을 자는 경우는 단 한 곳도 없었다. 예컨대 아프리카의 !쿵족 엄마는 잘 때뿐만 아니라 외출할 때도 아기를 데리고 다닌다. 시야를 더 넓혀서 모든 고등 영장류 종의 암컷들도 새끼와 바싹 붙어서 잠을 잔다. 즉, 인류가 진화한 수백만 년에 걸쳐 아이는 엄마와 같은 침대나 요에서 잠을 잤다.

현대 산업 사회의 '별스러운' 양육 지침은 아이가 적어도 세 살부터는 혼자 자는 습관을 들여야 독립심과 자존감이 길러진 다고 주장한다. 우는 아이가 애처로워 엄마가 방문을 열어 준다 면, 부모에게 지나치게 의존하는 자식으로 자라게끔 아이를 망 칠 뿐이라는 것이다. 이 주장을 뒷받침하는 경험적 증거는 없다. 학자들의 희망 섞인 추측일 뿐이다. 정반대로, 어릴 때 혼자서 잤던 이들은 부모와 함께 잤던 이들보다 덜 행복해하며, 다루기 도 더 어렵고, 자존감도 낮다는 것을 발견한 연구들이 점점 더 많이 나오고 있다.

아이가 엄마와 함께 잠을 자는 행동은 어떤 이점을 주게끔 진화적으로 설계되었을까? 진화 인류학자 제임스 맥케나(James McKenna)는 『아기와 함께 자기』(국내 미번역)라는 책에서 몇 가지 이점을 든다. 첫째, 아기가 엄마로부터 보살핌을 더 많이 받는다. 바로 옆에 엄마가 누워 있으므로 아기는 엄마가 자고 있을 때라 도 원한다면 언제나 젖을 빨 수 있다. 함께 자는 엄마는 따로 자 는 엄마보다 두 배나 더 자주 아기에게 젖을 물려 준다는 사실

이 알려졌다.●

둘째, 엄마와 아기 모두 잠을 푹 잘 수 있다. 아이를 따로 재우는 부모라면 이 대목에서 혀를 끌끌 찰지 모르겠다. "이봐요. 책만 파신 교수님. 따로 재워도 아이가 한밤중에 갑자기 울면 아이 방으로 달려가느라 잠을 설치거든요. 하물며 아기랑 함께 잔다면 나는 아예 한숨도 못 잘 텐데 무슨 소리예요!" 실제 연구에 따르면, 엄마와 함께 자는 아이는 자다가 갑자기 깨어서 목 놓아 우는 일이 거의 전혀 없다. 결국 아이는 편안히 잘 수 있다. 엄마는 바로 옆의 아기를 돌보느라 선잠을 자긴 하지만, 밤중에 난데없이 우는 아이 방으로 건너가느라 잠이 몇 번씩 깨끗이 달아나는 엄마들보다는 더 푹 잘 수 있다.

셋째, 영아가 밤에 잠든 이후에 사망하는 영아 돌연사 증후군(sudden infant death syndrome, SIDS)을 예방하는 데 도움이 된

● 제임스 맥케나의 저서는 국내에 아직 번역되지 않았지만, 다음 책에서 그의 연구가 일부분 소개되어 있다. 크리스틴 그로스-노, 『세상의 엄마들이 가르쳐 준 것들 : 바르고 똑똑한 아이를 키우는 세계 공통의 지혜』. 다윈 의학을 소개한 과학 대중서인 랜덜프 네스, 조지 윌리엄스, 『인간은 왜 병에 걸리는가』에서도 영아 돌연사 증후군을 다루면서 맥케나의 연구가 소개된다. 좀 더 상세한 내용을 알고 싶은 분들께는 맥케나 교수의 홈페이지(http://cosleeping.nd.edu/)를 가장 추천하고 싶다.

다. 아기를 바닥에 엎어 놓고 재우면 아기가 호흡을 제대로 조절하지 못하므로 돌연사할 가능성이 크게 커진다. 즉, 돌연사를 방지하는 좋은 대책은 아이가 천장을 보도록 똑바로 눕혀서 재우는 것이다. 엄마와 함께 자는 아기는 자주 엄마 젖을 빨게 된다. 젖을 빨기 위해 아기는 똑바로 누운 자세를 자연스럽게 오래 유지한다. 실제로 맥케나는 아기를 따로 재우는 사회에서는 아기를 함께 재우는 사회보다 영아 돌연사 증후군이 열 배 이상 흔하다는 사실을 발견했다.

아이는 엄마와 함께 자게끔 선천적으로 타고난다는 말이 반드시 오늘날 모든 가정에서 아이를 따로 재우는 관습을 몰아내야 한다는 뜻은 아니다. 진화의 관점은 아이를 따로 혹은 함께 재우는 결정에 따르는 비용과 편익을 정확히 파악하는 데 도움을 준다. 결정은 각자에게 달렸다.

선물을
주고받는 마음

크리스마스가 다가오면 다들 설레는 마음으로 선물을 준비하곤 한다. 대목을 맞아 한밑천 챙기려는 백화점이나 쇼핑몰의 장삿속에 휘말린다는 느낌도 들지만, 그래도 챙겨야 할 가족, 연인, 친구들의 명단을 적어 나가는 손놀림은 가볍고 경쾌하다.

크리스마스뿐만 아니라, 밸런타인데이, 어버이날, 스승의 날, 성년의 날, 생일, 졸업식, 입학식 등등 그 수많은 기념일에 으레 우리는 선물을 주고받는다. 사실, 선물을 주고받는 행동은 너무나도 당연하게 생각되어 선물이 없는 일상을 상상하기조차 쉽지 않다. 선물 주고받기가 모든 사회에서 나타나는 인간 본성의 일부임은 찰스 다윈이 비글호 항해에서 남긴 기록을 통해서도 알 수 있다. 남미의 외딴 섬에서 원주민을 만난 다윈은 그가 선물의 개념을 또렷이 이해함을 알고 경악한다. "나는 한 남자에게 큰 못(이 섬에서 가장 귀한 선물)을 주었다. 답례를 바란다는 내색은 전혀 하지 않았다. 하지만, 그는 즉시 물고기를 두 마리 꺼내더니 창에 꿰어 나에게 건네주었다."

놀랍게도, 인간에게는 숨쉬기만큼 자연스러운 나눔이 다른 영장류에선 존재하지 않는다. 동물을 사냥한 으뜸 침팬지 수컷은 막 포식할 찰나에 다른 암컷이나 친구들이 맛없는 부위를 한 점 집어 가도 모르는 척 눈감아 주곤 한다. 그러나, 이는 허락된 도둑질이지 진정한 의미의 선물이 아니다. 야생 상태에서 침팬지가 맛있는 살코기를 다른 침팬지에게 자발적으로 먼저 주는 경우는 관찰된 바 없다(그러니 크리스마스이브 날 여자 친구에게 무려 저녁 한 끼를 사려고 계획하는 남자는 얼마나 기특한가.).

자식을 돌보는 엄마 침팬지조차 예외는 아니다. 엄마 침팬지는 자기 먹이를 자식이 조금 떼어 먹는 것을 용인할 뿐이지 자식의 입 안에 먼저 먹이를 넣어 주는 일은 거의 없다. 어쩌다 가끔 자식에게 인심을 쓰긴 하는데, 이때는 맛 좋은 고기가 아니라 질긴 나무줄기처럼 엄마가 싫어하는 먹이의 뒤처리를 자식에게 맡기고자 함이다. 침팬지보다 평화를 더 사랑하는 영장류로 이름난 보노보에서도, 자식들은 어미의 먹거리를 그나마 좀 더

쉽게 뺏어 먹는 권리를 누릴 뿐이다. 인간의 아이처럼 엄마가 차려 주는 진수성찬을 우아하게 즐기는 호사는 꿈도 꾸지 못한다.

보답을 받지 못할 위험에도 불구하고 귀중한 자원을 다른 개체와 자발적으로 공유하려는 성향이 인간 고유의 특성임은 어린 아이들과 침팬지 어른의 행동을 비교한 실험에서 확인된다. 침팬지에게 혼자서 사과를 한 알 얻는 선택지와 자기와 더불어 옆의 침팬지도 사과를 한 알씩 얻는 선택지 둘을 제시한다. 자기가 얻는 이득은 어차피 똑같으므로, 침팬지에게 남에 대한 배려가 없다면 두 선택지를 취할 확률은 같을 것이다. 실제로 침팬지는 50 대 50의 확률로 선택한다. 이와 대조적으로, 만 두 살 이상의 어린 아이들은 자기만 사과를 하나 갖는 선택지보다 자기와 더불어 옆의 어른도 사과를 하나씩 갖는 선택지를 더 자주 선택한다. 독자께서 아이를 돌본 경험이 있다면, 아이가 만면에 미소를 띠며 자기 딴에는 아주 큰 선물 — 그래 봤자 스티커나 막대사탕 — 을 독자의 손바닥에 쥐여 준 적이 있을 것이다.

왜 우리 인간이 자연계에서 유례를 찾기 어려울 만큼 협동적인 동물로 진화했는가에 대해서는 논쟁이 진행 중이다. 경북대학교의 최정규 교수님은 집단 간의 투쟁이 자기 집단 내의 사람들에 대한 선의와 맞물려 진화했다고 본다. 영장류학자 세라

본성이 답이다

허디(Sarah Blaffer Hrdy)는 엄마뿐만 아니라 아빠, 조부모, 삼촌, 숙모 등이 모두 매달려서 아기를 키웠던 인간의 독특한 진화 역사가 타인에 대한 공감과 배려를 낳았다고 본다. 이 질문에 대한 해답을 찾는 일도 물론 중요하지만, 크리스마스, 밸런타인데이, 생일, 졸업식 같은 자리에서 우리가 선물을 주고받는 기쁨을 누리게끔 진화한 종의 일원이라는 사실을 마음껏 활용하는 것도 좋을듯하다.

어려움에 처한 타인을
왜 도와주는가

아기가 울어 댄다. 승객들이 빽빽이 들어찬 비행기 안이다. 초보 엄마는 쩔쩔매며 아기를 달랜다. 기내의 대다수 승객은 울음소리를 못 들은 척한다. 몇 명은 부드러운 미소까지 띠며 괜찮다는 신호를 보낸다. 옆 좌석에서 고개조차 돌리지 않고 독서에 푹 빠진 청년도 실은 폐가 될까 봐 염려하는 젊은 엄마를 배려해서 그러는 것임을 쉽게 눈치 챌 수 있다.

비행기를 타면 항상 보는 익숙한 풍경이다. 아주 가끔, 승객 중 한 명이 정말로 짜증을 내기도 하지만 이내 제지된다. 너무나 당연하다고? 영장류학자 세라 허디는 비행기 안의 승객이 사람이 아니라 전부 침팬지라면 어떤 일이 생길지 상상해 보라고 제안한다. 서로 생전 처음 보는 침팬지들을 좁은 공간 안에

몇 시간 집어넣으면 대재앙이 터진다. 기내에는 선혈이 낭자하게 흐른다. 팔다리가 멀쩡히 붙어 있는 채 공항 게이트를 빠져나오는 침팬지는 거의 찾기 어려울 것이다. 평화롭기로 이름난 보노보도 아수라장을 만드는 건 마찬가지라고 허디는 지적한다.

그렇다. 인간은 다른 어떤 영장류보다 더 협동적인 동물이다. 우리는 끊임없이 서로의 속내를 읽고 헤아리려 한다. 생판 모르는 누군가가 어려움에 부닥치면 내 일인 양 안타까워하며 온정의 손길을 내민다. 대지진으로 최악의 피해를 본 일본을 돕고자 전 세계 각국에서 지원의 행렬이 이어졌다. 중국의 쓰촨성 대지진, 미국의 허리케인 카트리나 때도 그랬다.

왜 인간은 이토록 타인의 슬픔에 공감하며 기꺼이 도움을 베풀까? 어떤 이들은 자선이 종종 국경과 이념을 넘어서 행해지는 모습에 고무된 나머지 인간은 매몰찬 경쟁만 강조하는 다윈식 적자생존의 논리에서 벗어난 존재라고 주장한다. 공감과 협력을 바탕으로 전 세계 모든 이를 무조건적으로 사랑하는 것도 인간 본성의 일부라는 것이다. 불행히도, 세계 시민적 이상은 인간 본성에 속하지 않는다.

수백만 년에 걸쳐 인류의 조상이 고작 수십 명, 많아야 100여 명인 작은 혈연 집단에서 수렵 채집 생활을 하는 과정을 통

본성이 답이다

해 인간 본성이 만들어졌다. 군이 내 피붙이와 남남을 일일이 구별하지 않더라도, 내 앞에서 고통 받는 누군가를 도와준다면 이러한 도움 행동을 일으키는 유전자는 자연 선택될 수 있었다. 내 도움을 받은 상대가 내 유전적 혈연이어서 그의 몸속에 도움 유전자의 복제본이 들어 있을 확률이 평균적으로 0을 초과했기 때문이다. 게다가 나의 작은 희생이 상대에겐 엄청난 구원이 된다면야, 이 확률은 다소 작아도 무방했다.

물론, 집만 나서면 친구나 직장 동료 등 비친족만 종일 마주치는 현대 산업 사회에서는 먼 과거의 소규모 혈족 내에서 자연 선택된 혈연 이타성이 때때로 오작동을 일으킨다. 모닥불을 교미 신호로 오해하고 뛰어드는 불나방처럼 말이다. 일본의 이재민들에게 돈을 기부하면 내 생존과 번식에는 손실이다. 그러나 바로 내 앞에 선 누군가가 가슴을 치며 비통해하는 표정과 목소리에 깊이 공감하게끔 진화한 우리는 천리만리 떨어진 일본 이재민의 오열을 보여 주는 텔레비전 화면에 어느새 빠져든다. 다행히도, 세계 시민적 이상은 인간 본성에 속하지 않는다. 상대가 내 혈연 집단의 일원이 아님을 깨닫는 순간 이타성은 쉽게 잦아든다. 일본의 독도 교과서 논란이 불거지자 국내에서 일본을 돕기 위한 성금 액수는 급락했다.

4

성性의 문제

왜 성을
사고파는가

「노팅 힐」, 「러브 액츄얼리」의 배우 휴 그랜트는 대단한 미남이다. 지적이고 자상하고 위트 넘친다. 런던에만 집이 17채 있을 정도로 부유하다. 1995년에 그는 큰 사건을 저질렀다. 심야에 자기 차의 뒷좌석에서 매춘부와 구강성교를 하다가 경찰에 체포된 것이다. 참으로 이상하다. 휴 그랜트처럼 잘생긴 갑부라면 술집에서 젊은 여성을 유혹해 하룻밤 정을 나누기란 그리 어렵지 않을 터이다. 그런데 왜 매춘부에게 돈까지 내고 성교를 했을까? 아니 할 말로, 남자가 휴 그랜트라면 돈을 내야 할 쪽은 오히려 여자 아닐까?

물론 그렇지는 않다. 우리의 '상식'은 제아무리 완벽한 남성일지라도 뭇 여성들에게 돈을 받고 성을 파는 일은 없다고 말한다. 성매매는 아즈텍, 세르비아, 이란, 마사이, 아이누, 발리 등 거의 모든 사회에서 광범위하게 발견된다. 어느 사회에서나, 성 구매자는 절대 다수가 남성이며 성 판매자는 대부분 여성이다. 남성들도 성을 팔긴 하지만 이들을 찾는 고객은 거의 전적으로 남성이다. 사람들은 왜 성을 사고파는가? 왜 주로 남성이 사고, 주로 여성이 파는가? 진화의 관점에서 이 질문에 답해 보자.

먼저 일러 둘 것이 있다. 성매매를 진화의 틀로 설명한다고 하면 흔히 이런 거부 반응이 나온다. "남성의 성욕은 본능이니 성매매는 어쩔 수 없다고? 더러운 헛소리군!" 이따금 환호하는 반응도 있다. "오! 성매매는 어쩔 수 없다고? 반가운 소식이군!" 사실은 둘 다 틀렸다. 과학은 어떤 현상이 왜 일어나는지 설명할 뿐이다. 결코, 그 현상이 정당하다고 주장하려 함이 아니다. 지진을 연구하는 지질학자들이 지진이 필요악이라 부르짖지 않는 것과 같다. 어쨌든 성매매가 왜 일어나는지, 무엇이 가능하고 불가능한지 이해한다면 성매매를 허용 또는 금지하는 정책들에 따르는 이득과 손실을 정확히 가늠하는 데 도움이 된다.

다시 휴 그랜트로 돌아가자. 왜 그는 일반인과의 뜨거운(?) 만남 대신 매춘부와의 거래를 택했을까? 답은 이렇다. 남성들은 성교에 대한 대가로 매춘부에게 돈을 주지 않는다. '성교만' 하는 대가로, 즉 끝나고 사라지라는 뜻으로 매춘부에게 돈을 준다. 이처럼 남성들이 낯선 여성과 '성교만' 하고자 기꺼이 돈까지 내놓는 까닭은 남녀의 진화된 성 심리가 근본적으로 다르기 때문이다.

우리의 먼 조상들이 번식에 성공하려면, 배우자를 만나서 아기를 낳은 다음 이 아기가 어른이 될 때까지 무사히 길러 내야 했다. 이때 조상 여성이 아무리 줄이려 애쓴들 반드시 짊어져야 했던 필수 투자량은 매우 많았다. 배란, 아홉 달의 임신, 위험한 출산, 수년간 젖 먹이기, 십 수년 동안 보살피기 등등 산 넘어 산이었다.

우리의 조상 남성도 자신과 결혼한 여성이 낳은 친자식들에게는 아버지로서 상당히 많이 투자했다. 그러나 남성의 필수 투자량은 여성의 그것보다 매우 적었다. 그저 한 번의 성관계면 충분했다. 오늘 처음 만난 여성을 임신시킨 뒤 바로 헤어졌는데 그아이가 무사히 어른으로 자랐다면, 조상 남성으로선 극히 적은 비용을 치르고서 번식에 성공한 셈이다. 이처럼 저비용으로 번식에 성공할 기회는 여성이 아니라 남성에게만 열려 있었기 때문에, 자연 선택은 되도록 많은 상대와 일시적 성관계를 맺으려는 심리를 남성에게 장착시켰을 것이다. 그래서 남성들은 처음 본 여성에게 마음을 온통 바치는 일 없이 오직 성관계만 맺는 것을 상상하기도 좋아하고(성적 몽상, 춘화, 야한 동영상) 실제로 하기도 좋아한다(외도와 성매매).

왜 어떤 여성들은 성을 파는가? 물론 여성도 낯선 남성과 외도를 하지만, 이는 남성들처럼 성관계 상대의 수를 무작정 늘리기 위해서가 아니다. 여성의 혼외정사는 우수한 유전자를 자식에게 물려주는 등의 다른 이득을 얻기 위해서다. 매춘부들은 주로 경제적인 이유로 성을 판매한다. 다른 서비스와 마찬가지로, 어떤 이는 먹고 살아야 하니 어쩔 수 없이 성을 판다. 어떤 이는 수익이 짭짤하니 성을 판다. 어떤 이는 그냥 즐거워서 성을 판다. 기본적으로, 성에 대한 수요가 있어서 어떤 여성들은 시장에서 성을 공급한다.

요약하자. 성매매는 먼 과거의 진화적 환경에서 남녀가 자원과 성을 맞바꿨던 행동에서 유래했다. 시장 경제가 발달한 오늘날에는 성매매가 더 빈번하고 다양하게 행해지고 있다. 성매매가 진화된 인간 본성에서 유래했다는 사실은 성매매에 대한 법적, 정책적 판단이 훨씬 더 세심하게 이루어져야 함을 뜻한다. 인간 본성에 대한 몰이해는 불필요한 갈등과 비용만 초래할 뿐이다. 예를 들어, 여성가족부가 발간한 성매매 예방 교육 자료를 보자. 근본적으로 인간의 성욕은 남녀 차이가 없으며 남성의 성욕은 얼마든지 통제할 수 있다고 나와 있다. 엄연히 존재하는 성차를 부정하는 것은 올바르지 않다. 남성은 성욕을 통제할 수 있지만, 여성이 성욕을 통제하기보다 더 어렵다. 성매매처럼 민감한 문제일수록 진화된 인간 본성을 십분 고려하는 현명한 접근이 필요하다.

성희롱을
예방하는 과학

1990년대 말, 미국의 슈퍼마켓 체인인 세이프웨이는 새로운 고
객 서비스 정책을 도입했다. 매장 내의 모든 직원은 고객을 보
면 반드시 눈을 마주치면서 미소를 지어야 했다. 계산대에서 고
객이 신용 카드를 내밀면, 계산대 직원은 고객의 이름을 훑어본
다음 웃으면서 "김 아무개 고객님, 세이프웨이에서 쇼핑해 주셔
서 감사합니다."라고 인사를 하게끔 했다. 이 정책은 뜻밖의 사
태를 가져왔다. 여직원이 자기 이름까지 부르면서 미소를 지어
주자, 상당수의 남성 고객들이 여직원이 자신에게 홀딱 반했다
고 확신하고서 성가시게 치근대기 시작했다. 결국, 견디다 못한
몇몇 여직원들이 세이프웨이를 고소했고, 이 정책은 폐기되었다.

남성은 여성이 그냥 예의상 짓는 눈웃음이나 상냥한 말투

를 과장되게 해석하여 그녀가 내게 푹 빠졌다고 추론하는 경향이 있다. 단순한 친절인지, 성적인 의도인지 애매하다면 남성은 일단 성적인 의도를 읽어 내고 본다. 이러한 인지적 편향 때문에 성희롱이 종종 심각한 사회 문제로 불거진다.

우리 사회에서 성희롱이 끊이지 않는 원인으로 흔히 우리의 남성 중심적인 문화가 지목된다. 남성은 하룻밤 성관계를 추구하게끔 길러지지만, 여성은 현모양처로 처신하게끔 길러진다. 즉, 남녀의 마음은 원래 같지만 사회화 과정을 통해 성차가 생겨난다. 문화와 사회화에만 기대는 이러한 설명은 불충분하다. 이 설명이 맞는다면, 여성에게 정숙을 강요하는 사회화 과정을 지켜본 남성들은 여성의 애매한 언행을 해석할 때 "에이, 틀림없이 매우 정숙할 여성들이 내게 성적인 신호를 보낼 리가 없어."라며 성적 의도를 실제보다 과소평가해야 하지 않겠는가?

진화적 시각은 유전적, 생리적, 문화적, 사회적 요인들을 통합하는 밑그림을 그려 준다. 진화 심리학자들은 수백만 년 전 여성의 성적 의도를 실제보다 과대평가했던 남성들이 정확히 추론했던 남성들보다 생존과 번식에 더 유리했기 때문에 오늘날 우리의 조상이 되었다고 본다. 역사상 가장 많은 자식을 둔 남성의 자식 수가 무려 1000명이 넘었다는 사실에서 알 수 있

듯이, 남성의 진화적 성공은 여러 여성과 성관계를 가능한 한 많이 가질수록 증가한다. 반면에 여성은 어차피 평생 낳을 수 있는 자식 수는 한정되어 있으므로, 여러 남성과 성관계를 함으로써 얻는 추가적 이득은 비교적 적다.

이제 어떤 여성의 눈웃음이 그냥 친절인지 성적인 신호인지 추론해야 하는 남성을 생각해 보자. 두 가지 오류가 가능하다. 성적 의도가 상대방에게 실제로는 없는데 있을 거라고 막무가내로 과대평가하는 오류, 그리고 성적 의도가 실제로 있는데도 없을 거라고 소심하게 과소평가하는 오류이다. 소심하게 추론하는 바람에 외간 여성과의 성관계 기회를 놓치는 일은 우리의 조상 남성들에게 진화적으로 엄청난 재앙이었다. 따라서 남성은 비교적 피해가 덜한 선택지인, 상대의 성적 의도를 지나치게 과대평가하는 오류를 잘 저지르게끔 진화하였다.

남성과 여성이 똑같은 행동을 서로 다르게 해석하게끔 진화했다는 과학 지식을 우리 사회의 성희롱 발생 건수를 낮추는 데 활용할 수 있다. 문화와 사회화에만 주목하는 기존 설명은 남녀의 본바탕은 원래 같다고 주장한다. 결국, 남성이 즐기는 음담패설을 여성도 속으로는 은근히 좋아하리라는 잘못된 인식을 남성들에게 심어 줌으로써 성희롱의 실마리가 된다. 남성과 여성의 마음은 다르다. 남성으로선 웃자고 던진 야한 농담이 정말로 상대방 여성에게는 남성이 측량 불가능한 불쾌감을 줄 수도 있다. 여성으로선 그냥 공손히 대했을 뿐인데 정말로 상대방 남성은 성적인 신호를 잘 접수했노라고 단단히 착각할 수도 있다. 진화된 인간 본성에 대한 이해에 바탕을 둔 성희롱 예방 교육을 기대한다.

왜 성추행이
일어나는가

군소리부터 시작하자. 성추행이나 강간 같은 사회 문제를 해결하는 한 가지 방법은 왜 그런 일이 일어나는지 연구하는 것이라 할 수 있다. 여기에는 성추행의 가해자 혹은 희생자가 될 가능성을 높이는 요인을 찾는 작업도 포함된다. 물론, 그런 요인을 찾았다고 해서 가해자에게 면죄부를 주진 않는다. 바바리코트를 입은 여성이 성추행을 당하기 쉽다는 연구 결과가 나왔다고 상상해 보자. 이 결과가 성추행범에게 죄를 물을 수 없다거나, 모든 여성은 바바리코트를 입지 말아야 할 책임이 부과됨을 의미하지는 않는다.

성희롱은 대개 직장 내 권력관계에서 벌어진다는 점에서 성추행과 구별되지만 큰 틀에서 유사하다. 여성주의 시각에서 성희롱은 남성이 권력을 추구하기 때문에 생긴다. 여성을 지배하려는 욕망이 성적으로 표출되어 허락 없이 엉덩이를 움켜쥐게 한다. 반면에, 진화적 시각에서 성희롱은 남성이 성을 추구하기 때문에 생긴다. 여성과 일시적 성관계를 맺으려는 욕망이 여성의 의도를 잘못 해석해서 여성의 허리를 툭 치게 한다.

상대방이 내게 성적으로 관심이 있는지 알아내려면 상대가 보내는 애매한 낌새들을 잘 해석해야 한다. 입가에 피어난 미소, 상냥한 말투, 나와 눈을 맞추는 태도는 그저 윗사람에 대한 예의에서 나온 것일까? 아니면 나에게 홀딱 반했음을 은근히 알려 주는 증표일까? 여러 연구에 의하면, 남성은 여성과 달리 상대방이 별 뜻 없이 취한 행동에 김칫국부터 마시는 경향이 있다. 여직원이 과장님께 자판기 커피 한 잔 대접하면 "혹시……날 좋아하는 걸까?" 고민하느라 과장님은 밤새도록 몸을 뒤척인다.

상대방의 단순한 친절로부터 덮어놓고 성적인 의도를 읽어내는 성향이 오직 남성에서만 진화된 이유는 무엇일까? 상대의 애매한 낌새가 성적인 신호인지 아니면 그냥 친절인지 판단할 때 틀릴 수 있는 경우는 두 가지다. 첫째, 실제로는 단순한 친절인데 상대가 내게 푹 빠졌다고 김칫국을 마시는 잘못이다. 둘째,

본성이 답이다

실제로 상대방이 내게 푹 빠졌는데 나에게 설마 그런 일이 생기겠느냐며 굴러 온 횡재를 놓치는 잘못이다. 그런데 진화 역사에서 남성은 되도록 많은 여성과 성관계를 할수록 그에 비례하여 자식들을 더 많이 낳을 수 있었다. 여성은 평생 낳을 수 있는 자식 수가 제한되어 있으므로, 여러 남성과 마구 성관계를 해서 얻는 이득은 상대적으로 적었다.

이제 남성이 각각의 잘못을 저질렀을 때 입는 손해를 비교해 보자. 김칫국부터 마시는 첫 번째 잘못을 저지르면 사회적으로 창피를 당하는 손해를 입는다. 하지만 남성으로서는 뜻밖에 굴러들어 온 성관계 기회를 놓치는 두 번째 잘못을 했을 때 입는 손해가 훨씬 더 컸다. 그러므로 남성의 마음속에는 혹시나 잘못되었을 때 입을 손실이 적은 선택지인, 상대방의 단순한 친절로부터 덮어놓고 성적 신호를 읽어 내는 성향이 진화하였다. 특히 직장 내 상하 관계에서 여성이 상사의 요구를 대 놓고 거절하지 못하는 것을 남성은 하룻밤 성관계를 약속하는 신호로 점점 더 오해함에 따라 성희롱이 일어난다.

성추행은 남성이 여성의 마음은 자신의 마음과 전혀 다르다는 ― 오늘 처음 본 이성과 뜻하지 않게 성관계하는 상상에 기뻐하기는커녕 몸서리치며 혐오스러워하는 마음도 있다는 ― 사실을 제대로 실감하지 못하기 때문에 일어난다. 그러므로 성추행이나 강간이 발생했을 때 피해자를 먼저 배려하고 피해자의 관점에서 해결책을 찾아야 한다는 원칙은 남성과 여성의 마음은 다르다는 진화적 인식에 의해서도 뒷받침된다. 왜 청와대 홍보수석이 피해자는 제쳐 두고 대통령에게 먼저 사과했는지는 진화의 미스터리다.

본성이 답이다

간통죄는 여성을
억압하는 도구였다

간통죄 폐지를 바라보는 남녀의 시각 차이가 크다. 헌법재판소의 간통죄 위헌 결정 이후 시행된 두 여론 조사는 모두 같은 결과를 내놓았다. 남성에서는 헌재의 결정에 대한 찬반이 팽팽하게 맞섰다. 여성에서는 반대가 60퍼센트 이상으로 찬성보다 두 배를 훌쩍 넘는 수준이었다. 즉, 간통을 더는 범죄로 다스리지 않음을 우려하는 쪽은 주로 여성이었다.

묘한 상황이다. 간통죄 폐지를 열렬히 환영해야 할 당사자는 바로 여성이기 때문이다. 이쯤에서 가시 돋친 질문이 하나 나올 법하다. "간통죄 폐지가 특히 여성에게 기쁜 소식이라는 게 대체 무슨 말이람? 1953년에 제정된 우리 형법은 간통을 저지른 배우자가 남편이건 아내이건 간에 똑같이 처벌하게 했거든요!"

맞는 말이다. 다만 우리가 잊지 말아야 할 사실은, 전통적으로 모든 사회에서 간통은 유부녀가 외간 남자와 성관계하는 행위로 규정되었고 범죄로서 처벌 받았다는 것이다. 19세기에 들어서야 일부 국가에서 유부남의 혼외 성관계도 처벌하기 시작했다. 그나마도 제한적이어서, 유부녀의 외도를 유부남의 외도보다 더 무겁게 벌하는 이중 잣대가 지난 세기까지 대다수 국가의 법률에 명문화되어 있었다. 유부남의 외도를 더 무겁게 벌한 국가는 하나도 없었다.

왜 세계의 여러 전통 법률들은 유부남은 내버려 두고 오직 유부녀의 혼외 성관계만을 엄히 다스려야 할 범죄로 보았을까? 진화 심리학자 마틴 데일리와 마고 윌슨은 남성이 아내를 마치 자기 소유물처럼 여기는 심리를 진화시켰기 때문이라고 설명한다.● 자식을 거의 돌보지 않는 다른 포유류 수컷들과 달리, 인간 남성은 기특하게도(?) 아내와 가정을 꾸려서 오랫동안 자기 자식에게 자원과 애정을 쏟아붓는다. 그런데 배우자 중에 한쪽이 잠시 외도를 저질렀다고 가정해 보자. 그에 따른 영향은 남녀

● 더 자세한 내용을 알고 싶은 분들은 마틴 데일리, 마고 윌슨의『살인』을 참고하길 바란다.

에게 다르다.

아내가 바람을 피웠다면, 남편은 생판 모르는 남의 자식에게 자신의 소중한 자원을 고스란히 낭비하는 대재앙을 겪게 된다. 반면에 아내는 남편이 불륜을 저질렀다 해도 자신이 아이들의 친엄마라는 사실은 절대 흔들리지 않는다. 아내가 정작 경계해야 할 상황은 남편이 혼외 상대에게 정서적으로 깊이 빠진 나머지 어느 날 아내와 자식들에 대한 투자를 끊겠노라고 선언하는 경우다.

아내의 단 한 번 불장난으로도 남편은 파국을 맞을 수 있다. 이에 따라 남편은 아내를 밤낮없이 성적으로 단속하고 지키려는 심리를 진화시켰다. 아내를 자신의 소유물로 착각하는 것이다. 재산법에 따르면, 소유자는 자기 물건을 마음대로 팔고 교환하고 망가뜨릴 수 있다. 누군가 내 물건을 훔치거나 훼손했다면, 그는 벌을 받아야 마땅하다는 내 주장에 모든 사람이 동의해준다. 남성들은 자기 아내도 동일하게 취급했다.

실제로 고대 이집트, 시리아, 극동, 아프리카, 아메리카, 북유럽 문명의 법률에는 아내를 남편의 소유물로 취급하는 조항이 거의 똑같이 들어 있었다. 간통은 연애의 경쟁자인 외간 남자가 남편의 소유물을 훔치는 범죄였다. 피해자인 남편은 간통한 아내를 때리거나, 외간 남자에게 폭력을 행사할 권리를 정당하게 인정받았다. 간통죄는 우리 민족 최초의 법인 고조선의 8조법금에도 들어 있었다고 종종 언급되지만, 단언컨대 그 조항은 유부녀의 외도만 처벌했을 것이다. 간통을 의미하는 영어 단어 adultery도 '불순물을 섞다, 질이 낮아지다'는 뜻의 동사 adulterate에서 유래하였다. 간통이 아버지로서의 확실성을 낮춘다는 것이다.

간통을 범죄로 다스릴 뿐만 아니라, 과거의 전통 법률은 아내의 간통을 알게 된 남편이 행사하는 폭력을 약하게 처벌하거나 심지어 눈 감아 주었다. 수백 년 전 영국에서는 간통 중인 아내를 그 자리에서 죽인 남편은 살인이 아니라 과실치사로 처벌받았다. 미국의 배심원들은 감형조차 너무 무거운 형벌이라고 여겨서, 간통한 아내를 현장에서 살해한 남편은 무죄로 풀어 주었다. 19세기에 들어서 유부남의 외도도 처벌 받게 되었지만, 간통한 아내에 대한 남편의 폭력적 보복은 특별히 정상을 참작할 만한 사유로 비교적 최근까지 인정되었다.

요컨대, 간통죄는 과거에 남성들이 여성을 억압하던 도구였다. 배우자의 혼외정사에 더 민감하게 반응하게끔 진화된 쪽이 남편임을 고려하면, 남녀 쌍벌주의를 채택했던 우리 형법의 간통죄조차 결과적으로 여성들에게 불리하게 작용했으리라 짐작할 수 있다. 일례로 《중앙일보》는 2014년 6~9월에 선고된 간통 사건 92건 가운데 남편이 간통한 아내를 고소한 사건이 60.9퍼센트로 다수를 차지했다고 보도했다.

헌법재판소는 간통죄가 개인의 성적 자기 결정권을 침해하므로 위헌이라고 결정했다. 간통죄로 배우자를 고소하려면 이혼이 전제되어야 하므로, 가정을 보호하는 데도 간통죄가 실질적인 도움이 되지 않는다고 밝혔다. 최근 몇 년간 사문화되다시피했지만 본질적으로 여성을 억압하는 장치였던 간통죄를 공식 폐지함으로써 우리 사회에서 양성평등을 한 걸음 진전시켰다는 칭찬도 해 줄 만하다.

「응답하라」 시리즈,
왜 남편 찾기일까

정말로 누굴까? 덕선의 남편 말이다. 종영을 앞두고 tvN 드라마 「응답하라 1988」의 여 주인공 덕선(혜리)의 남편이 누구인가를 놓고 시청자들의 관심이 뜨거웠다. 대체 이게 뭐라고 남편으로 정환(류준열)을 미는 팬들과 택(박보검)을 미는 팬들 사이에 날 선 입씨름이 오갔다. 덕선의 남편 찾기가 너무 주목 받은 나머지, 따뜻한 가족 극은 어느새 실종되고 '응답하라 덕선 남편'이 되어 버렸다는 질책도 들렸다. 왜 제작진은 「응칠」, 「응사」에 이어 「응팔」까지 남편 찾기를 놓지 못하는 걸까? 식상함을 탈피하려면, 다음 시즌에는 과감하게 남주인공의 아내 찾기를 그려야 하지 않나? 응답 시리즈의 중심축이 지난날의 아련한 첫사랑인 한, 다음 시즌에도 남편 찾기는 반복될 것이다. 진화적으로 그렇다.

남성들이 포르노를 즐기는 데 귀중한 시간과 돈을 쓰는 걸 보면 여성들은 대개 혀를 끌끌 찬다. 진짜 여성도 아니고 모니터 상의 시각적 자극에 흥분하다니 얼마나 딱한 노릇인가! 그런데 여성도 마찬가지다. 여성들도 할리퀸 문고나 로맨틱한 영화, 드라마에 속절없이 빠져든다. 쌍문여고 덕선이도 수업 시간에 공부는 안 하고 『장교와 프린세스』 같은 로맨스 소설을 읽다 재수했다. 왜 여성들은 실제 상황도 아닌 가상의 뻔한 연애담을 즐기는 데 귀중한 시간과 돈을 쓰는가?

먼저 우리가 어떤 것을 몽상하며 즐거움을 느끼게끔 진화했는지 살펴보자. 숨을 쉬거나, 길을 걷거나, 땀 흘리는 몽상을 하면서 은밀한 쾌감을 느끼는 사람은 없다. 우리는 주로 로또에 당첨되거나, 벼락출세하거나, 통쾌히 복수하거나, 간통하는 것을 몽상한다. 이들은 모두 실제로 일어날 확률은 극히 낮지만, 만약 내게 일어난다면 크나큰 진화적 성공을 주는 사건이다. 즉 사람들이 종종 꿈꾸는 판타지는 만약 천재일우의 기회가 찾아오면 그걸 어떻게 잘 붙들지 미리 대비하고 계획하는 기능을 한다('로또를 맞으면 여기저기 알려야 하나? 직장만 조용히 관둘까?').

포르노와 로맨스, 남성과 여성이 기꺼이 돈을 내는 상업 에로물이 이토록 대조적인 까닭은 짝짓기 부문에서 엄청난 진화적 성공을 가져다주는 사건이 남성과 여성에게 각각 달랐기 때문이다. 남성은 오늘 처음 본 젊은 여성들과 성관계를 많이 가지면 가질수록 유리했다. 바로 포르노의 주된 내용이다. 반면에, 우리의 조상 여성들은 낯선 남성들과 성관계를 많이 한들 자식 수가 직접 늘어나진 않았다. 여성은 갓난아기가 어른이 되는 긴 세월 동안 자원을 안정적으로 공급할 능력이 있는 남성, 그리고 한눈팔지 않고 가족에게만 자원을 공급할 남성을 남편감으로 골라야 유리했다.

안타깝게도, 능력과 헌신을 다 갖춘 남성은 현실 세계에 거의 없다. 키 크고, 근육질이고, 자신만만해서 뭇 남성들을 누르고 높은 지위에 오르는 '진짜 사나이'는 바람도 많이 피우고 자식들도 잘 돌보지 않는다는 사실이 알려졌다. 예컨대 세계적인 축구 선수인 크리스티아누 호날두의 여성 편력은 유명하다. 그래서 여성들은 일어날 확률은 희박해도 자신의 진화적 성공을 크게 높일 사건을 몽상한다. 바로 능력이 탁월하면서 결코 한 여자에게 매이지 않을 듯한 '나쁜 남자'가 어느 날 여주인공의 숨겨진 매력을 발견하여 영원한 헌신을 맹세하는 장면을 꿈꾸는 것이다. 물론 남편들은 드라마를 어깨너머로 보면서 "저렇게 잘난 남자가 평생 한 여자만 바라보며 산다니 말이 되나?"라고 투덜댄다.

로맨스 장르의 줄거리는 일정하다. 여주인공이 남주인공을 만난다. 여주인공은 그의 유전적 자질, 자원 확보 능력, 자신에게 헌신할 의향, 아이를 좋아하는 정도, 성격 등을 까다롭게 평가한다. 대개 남주인공은 잘났지만 싸가지 없는 '나쁜 남자'(정환은 매사에 불만 많고 까칠하지만, 전교 1등이고 축구도 잘한다.)다. 남주인공은 여주인공의 거부할 수 없는 매력에 포로가 된다. 유능할 뿐만 아니라, 적어도 여주인공에게는 친절하고 헌신적인 남자로 변모한다(정환은 비 오는 날 덕선에게 우산을 주면서 "일쩍 다녀."라고 말한다.). 남자가 영원한 사랑을 고백하고, 이후 둘은 행복하게 잘 산다.●

응답 시리즈가 로맨스를 그리는 한, 다음 시즌도 남편 찾기일 수밖에 없다. 모든 로맨스 장르는 임신, 출산, 수유, 양육 등으로 남성보다 자식에게 투자를 더 많이 하기에 남성보다 훨씬 더 신중하게 결혼 상대자를 골라야 하는 여성의 성 심리를 반영

● 로맨스 소설의 진화 심리학을 잘 설명한 과학 대중서로 도널드 시먼스, 캐서린 새먼, 『낭만전사: 여자는 왜 포르노보다 로맨스 소설에 끌리는가』를 추천한다. 짧고 간결해서 부담 없이 읽을 수 있다.

하기 때문이다. 여주인공은 마치 사립 탐정처럼 놓치기 쉬운 사소한 단서들을 조합하여 남자가 과연 자신만 바라볼 유능한 신랑감인지 추리한다. 「응팔」에서 정작 남편 추리의 당사자는 시청자가 아니라 덕선이인 셈이다.

그뿐만 아니라 모든 로맨스 장르에서 남주인공은 외모, 성격, 배경 등이 상세히 묘사되는 반면 여 주인공은 아주 간략하게 묘사된다. 여백을 많이 남겨 둠으로써 여성 시청자들이 여 주인공과 자신을 쉽게 동일시하게 하려는 장치다. 그러니 종영이 코앞인데 덕선의 시선은 온데간데없다고 불평할 필요는 없을 듯하다.

참고 문헌

본성이 답이다: 진화 심리학이 본 사회와 문화

Pinsof, D., & Haselton, M. (2016). The Political Divide Over Same-Sex Marriage: Mating Strategies in Conflict? *Psychological Science*, 27, 435-442.

1부 **마음의 문제**

내 속에 나는 없다

Nisbett, R. E., & Wilson, T. D. (1977). Telling more than we can know: Verbal reports on mental processes. *Psychological Review*, 84(3), 231~259.

보수와 진보는 왜 다른가

Terrizzi, J. A., Shook, N. J., & McDaniel, M. A. (2013). The behavioral immune system and social conservatism: A meta-analysis. *Evolution and Human Behavior*, 34(2), 99-108.

Tybur, J. M., Inbar, Y., Güler, E., & Molho, C. (2015). Is the relationship between pathogen avoidance and ideological conservatism explained by sexual strategies? *Evolution and Human Behavior*, 36(6), 489-497.

코끼리에게 호소하라

Mercier, H., & Sperber, D. (2011). Why do humans reason? Arguments for an argumentative theory. *Behavioral and Brain Sciences*, 34(02), 57-74.

학교에 가는 이유

Geary, D. C. (2008). An evolutionarily informed education science. *Educational Psychologist*, 43(4), 179-195.

Geary, D. C. (2012). Application of evolutionary psychology to academic learning. In C. Roberts (Ed.), *Applied Evolutionary Psychology* (pp.78-92). Cambridge, UK: Oxford University Press.

왜 연예인에게 관심이 가는가

De Backer, C. J. (2012). Blinded by the starlight: An evolutionary framework for studying celebrity culture and fandom. *Review of General Psychology*, 16(2), 144~151.

도덕과 혐오

Chapman, H. A., & Anderson, A. K. (2013). Things rank and gross in nature: a review and synthesis of moral disgust. *Psychological Bulletin*, 139(2), 300~327.

Tybur, J. M., Lieberman, D., Kurzban, R., & DeScioli, P. (2013). Disgust: Evolved function and structure. *Psychological Review*, 120(1), 65.

마음은 어떻게 전염병에 대처하는가

Faulkner, J., Schaller, M., Park, J. H., & Duncan, L. A. (2004). Evolved disease-avoidance mechanisms and contemporary xenophobic attitudes. *Group Processes & Intergroup Relations*, 7(4), 333-353.

Schaller, M., & Park, J. H. (2011). The behavioral immune system (and why it matters). *Current Directions in Psychological Science*, 20(2), 99-103.

Thornhill, R., & Fincher, C. L. (2014). *The parasite-stress theory of values and sociality: Infectious disease, history and human values worldwide*. Springer.

「인사이드 아웃」, 왜 본부에는 감정만 있을까

Tooby J, Cosmides L. 2008. The evolutionary psychology of the emotions and their relationship to internal regulatory variables. In *Handbook of Emotions*, ed. M Lewis, JM Haviland-Jones, LF Barrett, pp. 114-37. New York: Guilford. 3rd ed.

위험한 자극

Kenrick, D. T., & Gutierres, S. E. (1980). Contrast effects and judgments of physical attractiveness: When beauty becomes a social problem. *Journal of Personality and Social Psychology*, 38(1), 131.

인간은 계속 진화하는가

Hawks, J., Wang, E. T., Cochran, G. M., Harpending, H. C., & Moyzis, R. K. (2007). Recent acceleration of human adaptive evolution. *Proceedings of the National Academy of Sciences*, 104(52), 20753-20758.

2부 폭력의 문제

누가 테러리스트가 되는가

Atran, S. (2003). Genesis of suicide terrorism. *Science*, 299(5612), 1534-1539.

Atran, S. (2010). *Talking to the enemy: Faith, brotherhood, and the (un) making of terrorists*. Harper Collins.

Atran, S. (2010). Pathways to and from Violent Extremism: the Case for Science-Based Field Research. Statement Before the Senate Armed Services Subcommittee on Emerging Threats & Capabilities, March 10, 2010 (https://edge.org/conversation/ pathways-to-and-from-violent-extremism-the-case-for-science-based-field-research).

왜 '헬조선'이 문제인가

Gaulin, S. J. C. & McBurney, D. H. (2004). *Evolutionary Psychology*, 2nd ed. Pearson.

왜 십대는 위험한가

Ellis, B. J., Del Giudice, M., Dishion, T. J., Figueredo, A. J., Gray, P., Griskevicius, V., ... & Wilson, D. S. (2012). The evolutionary basis of risky adolescent behavior: implications for science, policy, and practice. *Developmental psychology*, 48(3), 598.

복수는 달콤하다

McCullough, M. E., Kurzban, R., & Tabak, B. A. (2013). Cognitive systems for revenge and forgiveness. *Behavioral and Brain Sciences*, 36(01), 1-15.

왜 학교 폭력이 일어나는가

Volk, A. A., Camilleri, J. A., Dane, A. V., & Marini, Z. A. (2012). Is adolescent bullying an evolutionary adaptation? *Aggressive Behavior*, 38(3), 222-238.

Volk, A., Camilleri, J., Dane, A., & Marini, Z. (2012). If, when, and why bullying is adaptive. In T. K. Shackelford, & V. A. Weekes-Shackelford (Eds.), *Oxford handbook of evolutionary perspectives on violence, homicide, and war* (pp. 270-288), Oxford: Oxford

University Press.

순수한 악은 없다

Baumeister, R. F. (1999). *Evil: Inside human violence and cruelty.*
Macmillan.

계부모는 자식을 더 학대하는가

Daly, M., & Wilson, M. (2001). An assessment of some proposed
exceptions to the phenomenon of nepotistic discrimination against
stepchildren. *Annales Zoologici Fennici,* 38, 287-296.

Daly, M., & Wilson, M. (2008). Is the "Cinderella effect"
controversial? A case study of evolution-minded research and
critiques thereof. In C. Crawford, & D. Krebs (Eds.), *Foundations
of evolutionary psychology* (pp. 383-400). Taylor & Francis.

3부 협력의 문제

국가의 복지와 이웃 간 도움

Petersen, M. B., Sznycer, D., Cosmides, L., & Tooby, J. (2012). Who
deserves help? evolutionary psychology, social emotions, and
public opinion about welfare. *Political Psychology,* 33(3), 395-418.

Petersen, M. B. (2012). Social welfare as small-scale help: evolutionary
psychology and the deservingness heuristic. *American Journal of
Political Science,* 56(1), 1-16.

협력을 꽃피우는 방법

Goldstein, N. J., Cialdini, R. B., & Griskevicius, V. (2008). A room with a viewpoint: Using social norms to motivate environmental conservation in hotels. *Journal of consumer Research*, 35(3), 472-482.

Kraft-Todd, G., Yoeli, E., Bhanot, S., & Rand, D. (2015). Promoting cooperation in the field. *Current Opinion in Behavioral Sciences*, 3, 96-101.

Yoeli, E., Hoffman, M., Rand, D. G., & Nowak, M. A. (2013). Powering up with indirect reciprocity in a large-scale field experiment. *Proceedings of the National Academy of Sciences*, 110, 10424-10429.

갑질의 심리학

Boehm, C., & Boehm, C. (2009). *Hierarchy in the forest: The evolution of egalitarian behavior*. Harvard University Press.

van Vugt, M., & Ronay, R. (2014). The evolutionary psychology of leadership Theory, review, and roadmap. *Organizational Psychology Review*, 4(1), 74-95.

착한 일은 남들이 알아줘야 제 맛

Alexander, R. D. (1987). *The biology of moral systems*. Transaction Publishers.

Griskevicius, V., Tybur, J. M., & Van den Bergh, B. (2010). Going green to be seen: status, reputation, and conspicuous conservation.

Journal of personality and social psychology, 98(3), 392.

보수와 진보의 도덕

Graham, J., Nosek, B. A., Haidt, J., Iyer, R., Koleva, S., & Ditto, P. H.
(2011). Mapping the moral domain. *Journal of personality and social psychology*, 101(2), 366–385.

Shweder, R. A. Much, NC Mahapatra, M. Park, L.(1997). The "big three" of morality (autonomy, community, divinity), and the "big three" explanations of suffering. In A. M. Brandt & Pl Rozin, (Eds.), *Morality and health*, (pp. 119–169), New York: Routledge.

Weeden, J., & Kurzban, R. (2014). *The hidden agenda of the political mind: How self-interest shapes our opinions and why we won't admit it*. Princeton: Princeton University Press.

혐오를 넘어서는 공감

Inbar, Y., Pizarro, D. A., Knobe, J., & Bloom, P. (2009). Disgust sensitivity predicts intuitive disapproval of gays. *Emotion*, 9(3), 435.

아빠와 아이가 자주 어울려야 하는 이유

Hrdy, S. B. (2011). *Mothers and others: The evolutionary origins of mutual understanding*. Harvard University Press.

아이는 원래 엄마와 함께 잤다

Gettler, L. T. and J. J. McKenna. (2011). "Evolutionary Perspectives on

Mother-Infant Sleep Proximity and Breastfeeding in a Laboratory Setting." *American Journal of Physical Anthropology*, 144, 454-462

McKenna, J. (2007). Sleeping With Your Baby: A Parents Guide To Co-sleeping. Washington D.C.: Platypus Media Press.

McKenna, J. J., H. Ball, & L. T. Gettler. (2007). Mother-infant cosleeping, breastfeeding and sudden infant death syndrome: What biological anthropology has discovered about normal infant sleep and pediatric sleep medicine. *Yearbook of Physical Anthropology*, 50, 133-161.

어려움에 처한 타인을 왜 도와주는가

Hrdy, S. B. (2011). *Mothers and others: The evolutionary origins of mutual understanding*. Harvard University Press.

4부 성性의 문제

왜 성을 사고파는가

Salmon, C. A. (2008). The world's oldest profession: Evolutionary insights into prostitution. In J. D. Duntley, and T. K. Schakelford, (Eds.), *Evolutionary forensic psychology: Darwinian foundations of crime and law* (pp. 121-138). Oxford University Press.

성희롱을 예방하는 과학

Browne, K. R. (2006). Sex, power, and dominance: The evolutionary psychology of sexual harassment. *Managerial and Decision Economics*, 27, 145–158.

Haselton, M. G., & Buss, D. M. (2000). Error management theory: a new perspective on biases in cross-sex mind reading. *Journal of personality and social psychology*, 78(1), 81–91.

간통죄는 여성을 억압하는 도구였다

Wilson, M., & Daly, M. (1992). The man who mistook his wife for chattel. In J. Barkow, L. Cosmides, & J. Tooby (Eds.), *The adapted mind: Evolutionary psychology and the generation of culture* (pp. 289–322). Oxford University Press.

Wilson, M., & Daly, M. (1998). Lethal and nonlethal violence against wives and the evolutionary psychology of male sexual proprietariness. *Sage Series in Violence against Women*, 9, 199–230.

「응답하라」 시리즈, 왜 남편 찾기일까

Salmon, C. (2012). The pop culture of sex: An evolutionary window on the worlds of pornography and romance. *Review of General Psychology*, 16(2), 152–160.

본성이 답이다

진화 심리학자의 한국 사회 보고서

1판 1쇄 펴냄 2016년 5월 20일
1판 5쇄 펴냄 2017년 6월 9일

지은이 전중환
펴낸이 박상준
펴낸곳 (주)사이언스북스

출판등록 1997. 3. 24.(제16-1444호)
(06027) 서울특별시 강남구 도산대로1길 62
대표전화 515-2000, 팩시밀리 515-2007
편집부 517-4263, 팩시밀리 514-2329
www.sciencebooks.co.kr